章魚法官的校園親子法學課

父母、師長與孩子一起學習成長

推薦序

一個熱愛人生的一般人

林從一（國家教育研究院院長）

章魚法官的日子就是一般人的日子，只是她觀察得更仔細，活得更通透，過得更真誠。認認真真活過，平平常常的生活記錄，就是響耳的生命宣言。

浸淫式地活著，卻又保持適當距離，進行觀察、反思、理論化；有時融入劇情，有時修改劇本，有時做劇場記錄，更常是三者穿插進行。生活如此豐富，生命如此有情，捨不得遺忘，才有此書的誕生。

活在人間的法官，才知道人們真實的焦慮、苦難、快樂、欲求，才知道人的種種不得已、非得如此嗎（？）、非得如此，才知道人們說得出口的、見不得人的、有些假也得說出口的、有些真的卻說不出口的，才知道人間的天堂盲點和人間的地獄誤區，才知道人間就是天堂與地獄，然後，才知道正義是什麼。

一句話，認真在人間活過的章魚法官，有著落地人世的悲憫之心。沒有悲憫之心，一直以正義之名往前衝，常常不知不覺就會走在不正義的道路上，不是法盲法執不知轉譯地誤判，就是下手失了分寸。

不知道人為何成為人現在這個樣子，談什麼正義？要探究人如何成為人現在這個樣子，不是去追溯或復刻人的源流，而是要去瞭解人面對大大小小或明顯或隱密的問題及困難挑戰時，如何權衡、抉擇與解決問題，以致成為現在的模樣。要真切瞭解人如何面對問題與困難，就非得自己處在人各種決定性的瞬間，自己親身面對人的問題與挑戰，親自思考解決之道並選擇自己的未來。本書就是帶著你「經驗性地探究」人為何成為人現在這個樣子，一起探索什麼是人間正義。

這也是為什麼，雖然這是一本日常生活的法律指南書，它同時也是一本哲學書，而雖然它是一本哲學書，卻是一本很實用的生活指南書。

章魚法官或許不自知，但事實上她已發現，人類的言行與思想很多時候看似有規則可循，但卻似乎又沒有完備的規則，有時在幾乎不可能和諧的地方，居然能找到和諧。同時，人類總是處在一種既完成卻又尚待完成、已定義卻又尚待定義、既命定卻又自由的處境中。雖未明說，生活雖然常有挫折，生命偶有苦難，對於人性與生命，章魚法官仍充滿希望與期待。

章魚法官寫的不僅是她的人生感懷，她帶著我們看她如何取境、取鏡與取徑——安排生活、看待生命、選擇未來，事實上，她教我們如何成為自己的法官。人哪有不犯錯犯罪的，只有你能好好地當你自己的法官，你才能好好當別人的法官。

章魚法官只是過著一般人生，只是她熱愛人生，章魚法官只是一般人，只是她熱愛人，這是她特別且神奇的地方。

推薦序

法律與教育的交會處：一位「章魚媽媽」的教養心法

毛律師（「律師帶你看校園大小事」粉專主持人）

初讀這本書的手稿，我幾次莞爾、幾度沉思，也幾次熱淚盈眶。章魚法官，行政法院法官、兩個孩子的媽媽，以真誠溫暖又帶點幽默的筆調，寫下她在家庭與職場之間拉鋸的教養歷程。她不是高高在上的法官權威，也不是永遠從容不迫的超人媽媽，而是像我們多數人一樣，在多重角色中跌跌撞撞、努力撐住愛與責任的平凡父母。

本書沒有艱深理論、也不說大道理，有的，是她作為一位母親的焦慮與迷惘、成長與覺醒；是她作為一位法律人的謹慎與自省、堅持與柔軟。章魚法官寫的不只是她的故事，更是我們許多人曾經經歷、正在經歷的教養現場。

「章魚媽媽」的誕生與自白

作者從小就有個外號叫「章魚」，一開始是名字諧音，後來則是因為興趣廣泛、角色繁多。她在書中說：「原來，是當了媽媽以後，我才真正變成章魚。」這句話，簡單卻充滿重量。

她說，當了媽媽後總想八隻手同時伸出──上法庭、辦案子、看功課、煮飯菜、照顧長輩、參加家長會……卻常常一個都做不好。她曾三度想辭去法官工作，只為了陪伴孩子更多一點；她曾在孩子畫的圖裡看到「我的媽咪是法官，很忙很忙，都沒時間陪我們」。的訴說。這些經歷與坦白，讓人鼻酸，也讓人佩服。

在閱讀的過程中，我不時會心一笑──像是她陪孩子寫功課時，竟連行政法題目也解錯。身為行政法院法官，卻在學校試題前敗下陣來，那股「專業無用武之地」的錯位感，既真實又令人莞爾。她邊罵邊錯、邊寫邊嘆，讓我們終於明白：不只是數學，連行政法這種她最熟悉的領域，遇上學校的標準答案也常常插不上手。

那句「我跟所有媽媽一樣，在孩子準備考試的過程中，想幫忙卻常常幫不上忙」的自嘲與坦白，讓無數家長都能從中找到自己的身影，也重新理解「陪伴」從來不是解出答案，而是在錯題和嘆氣之間，還願意坐在孩子身邊的那份愛。

在家庭與職場之間，她選擇誠實

「母親的身分是我最重要的角色。」這是她在書中寫下的自白，也是她在訪談中分享的三次動搖法官職涯的原因之一。從一位司法官的口中說出，毫不矯飾，反而更顯力量。她並不是否定專業價值，而是清楚地看見，在某些生命階段，選擇放慢步伐，是為了走更長遠的路。

她坦言，曾因為犧牲了陪伴時間而自責，也曾懷疑過自己身為母親的能力。但最終她學會：「適時地承認自己的不完美，並適當地放手才能夠讓這些獨立的生命個體完整的成長。」正如她所說，生活不是對錯分明的選擇題，她只能在能力範圍內給予孩子們愛與關懷。

這份體悟，也延伸到她對孩子的期待——她尊重孩子走出各自的路。哥哥選擇法律之路，卻不盲從父母的腳步；妹妹選擇勇敢赴英深造。她以身作則，讓孩子知道：走自己的路，是被允許也被祝福的選項。

法律的思維，讓教養多了一分清明

身為關注教育法律多年的律師，我特別珍惜本書中對於法與教養的交織討論。從選保母、挑幼兒園、升學、出國，到談懲戒權、監視器、家庭教育、著作權、交通法規、公民投票，張法官用她法官的專業視角與母親的溫柔身分，引導讀者看見背後的制度與權利意涵。

例如她提到，若在教室安裝監視器，可能違反教育基本法中對學生隱私權的保障，「在教室裝設監視或錄影設備來側錄師生的上課內容，形同持續監看、監聽、蒐集學生的生活隱私」，這不僅侵犯隱私權，更無法培養學生的法治觀念。她分析民法刪除「懲戒權」條文的意義，指出法律雖取消了體罰的正當性，但父母對子女的保護及教養仍是權利也是義務，只是這種權利的行使必須建立在尊重子女人格的基礎上。

更深入的，她探討了校園中「資源班」與「資優班」的制度設計，以及如何在「特殊」與「一般」之間找到平衡，讓孩子能適性發展。這些觀點，不是為了灌輸法律知識，而是為了幫助家長們看清脈絡、做出更理性溫柔的選擇。

更動人的是，她從不以專業自居，也不居高臨下說教。她在文中坦誠地分享自己對於「鑑輔會」的懵懂與探索，當哥哥被推薦去參加資優班測試時，她「看到通知，也不太清楚這是什麼競賽或考試」；她記錄了哥哥說「我不想念資優班」的心聲，和妹妹在未能通過甄試後說出的真心話：「反正我就是沒有哥哥優秀。」作為法官，她在承辦相關行政訴訟案件時，看到父母拿著獎狀或病歷上庭，為孩子爭取資優班或資源班的機會，體會到了教育資源分配背後的深層涵義。她坦率地思索：「這世界誰來定義『正常』呢？」這些教育與法律交會處的省思，讓我們看到一位既是母親又是法官的雙重視角。

真誠，是最好的教養哲學

本書中，最讓我感動的，是她讓我們看見孩子眼中的父母模樣：

妹妹在日記中描述媽媽「很忙很忙，都沒時間陪我們」，並畫出眼中的家人，其中媽媽是「一手法槌、一手章魚玩偶」，爸爸是「一手酒、一手書」。這些童言童語和天真的觀察，看似簡單，卻道盡家庭生活的真相。

我特別記得書裡提到妹妹的一句話：「如果她們講我的壞話可以讓她們感情更好，那就讓她們講吧！」這種寬容，遠超出年齡，卻正是父母多年以身作則的成果。

教養，從來不是用說的，而是活給孩子看。而張法官，用她一路走來的選擇與掙扎，示範了什麼是「放手的智慧」、什麼是「不完美也能成為好媽媽」的堅定信念。正如她所言：「學法律是教我們要學會謙卑」。法律不是用來彰顯自我優越，而是幫助我們思考如何權衡各方利益，尋找最適當的解決方案。而這種謙卑的態度，在教育中同樣重要。

教養路上，讓我們與「章魚媽媽」同行

這不是一本單純談法律的書，也不是一本單純談教養的書。它是一本揉合兩者的生命筆記，是一位母親寫給所有同樣在多重身分中尋找平衡的父

母、師長與專業工作者的溫柔對話。

在教育日趨複雜、教養壓力越來越大的今天，這本書給了我們一個兼具理性與溫度的參照系：它提醒我們用制度思考，用人性處理；它鼓勵我們承認不完美，也勇敢做決定；它陪我們從混亂中找到秩序，也從秩序中找回自己。

張法官說：「學法律，是教我們要學會謙卑。」是的，教養亦然。讓我們一起學習，如何在法律與教育的交會處，活出一份真誠、穩定而溫暖的家庭力量。就像她在面對孩子的青春期風暴時所領悟的：「季節嬗遞，突然有一天，風平浪靜。孩子會成長，身上的刀尖鋼毛褪去，像是從地底下蟄伏十八年的蟬，重生的他們，站上枝頭後唧唧的聲音彷彿天籟。」

在這個共同的教養旅程中，我們或許不需要成為完美的章魚媽媽，但我們可以學習如何在各種角色之間找到平衡，如何用雙手而非八隻手，擁抱最重要的人和事。

與您同在教養路上之毛律師

二〇二五年五月於高雄文化中心

推薦序

孩子的成長不只靠愛，還要有法

蔡淇華（惠文高中圖書館主任、作家）

學生在網路上匿名張貼文章，誹謗老師「課很爛、常遲到早退、不會教還愛當人」。儘管該學生事後承認發文，卻拒絕道歉，甚至於訊息中挑釁：「你要錢自己來拿，我爸準備了兩千元。」最終，學生遭法院判處誹謗罪拘役十日，得易科罰金。

《章魚法官的校園親子法學課》書中這個案例提醒青少年：網路不是法外之地，隨意發言也可能觸法，且未成年也須負起實際責任。對家長與學校而言，更是敲響警鐘，法治教育刻不容緩。

在當前社會快速變遷與價值多元的時代，法治觀念與法律素養的教育顯得格外重要。對於青少年而言，如何以貼近生活的方式理解法律，不僅有助於培養正確的是非觀與責任感，更能奠定其未來作為社會公民的基礎。《章魚法官的校園親子法學課》正是一部以創新方式結合法律與教育，讓法律走入家庭與校園的優質讀物。

這本書的最大特色，是以「章魚法官」為敘事者，透過活潑生動的語言，引導讀者思考法律的本質與社會規範的意義。

全書分為四輯，從家庭出發、校園啟蒙，到與社會連結、領航父母勿迷茫，內容豐富，所談的要點包括案例導入、觀念講解、法條解析、實務討論等，不僅提升閱讀的趣味性，更強化了實際的學習效果。透過生活中常見的法律議題——如霸凌、詐騙、言論自由、網路安全等——將艱澀的法條轉化為具體可感的故事情境，使大小讀者都能產生共鳴。

書中也讓我們體會到親子共學的重要，每篇末有「貼心提醒」或「關鍵思考」，既幫助學生建立初步的法律意識，也促使家長從教育者與陪伴者的角度重新檢視自身與孩子的互動方式。不僅促進家庭共學，也呼應當代教育強調的「素養導向」與「跨域學習」精神。

本書不僅適合國小高年級與國高中學生閱讀，更非常適合作為家庭共讀書籍或學校班級的輔助教材。對教師而言，《章魚法官的校園親子法學課》提供了有趣且實用的校園親子法學教育分享，可以靈活運用於生命教育、公民課程或班級經營中。對家長而言，本書提供了一扇與孩子溝通社會議題的窗口，使教育不再只是學校的責任，而是家庭與社會共同的承擔。

《章魚法官的校園親子法學課》突破了一般法律書籍的冷硬框架，以親切、溫暖且具有啟發性的方式，引領讀者踏上法律素養的啟蒙之路。在法治日益重要的今天，這本書無疑是一份送給孩子、家長與老師的寶貴禮物。強烈推薦給所有希望孩子從小建立正確法律觀與社會責任感的家庭與教育者。

老婆大人扎根教育，弟力拚經濟，
前者為本，後者從之也！感不勝感。

黃福雄（爸爸）

跟爸媽不一樣的人生

黃昭勛（哥哥）

從有記憶以來一路到高中大考前，我聽到最多的一句話就是：「爸爸是律師、媽媽是法官，你肯定就是要念法律系了。」

高中畢業後進了法律系，身邊同學最常對我講的話也是：「你有家學淵源，讀書考試一定都輕輕鬆鬆啦。」

實際上在我的成長過程裡，幾乎沒有從爸媽口中聽到過幾句跟法律有關的話。爸爸總是問我：「零用錢夠不夠？」媽媽最常叮嚀我：「早一點睡好嗎？棉被也不折、衣服亂丟、維他命吃了嗎？」就算他們有時候要「討論」事情，也會刻意避開我跟妹妹。他們從不主動跟我談工作、飯桌上的聊天話題也鮮少牽涉到法律，當然也不會灌輸我「以後一定要念法律系」這種觀念，反而常常鼓勵我去闖蕩他們所未知的領域、甚至偶爾會聽到「不要來念法律」這種勸退的語句。而我呢？求學過程中不能說對法律毫無興趣，但法律的確從來不是我的熱情所在，比起公民課本上密密麻麻的比例原則、無罪推定、憲政制度，棒球場上的紅土與白框、投手和打者間來回的對決，無疑更令我著迷。

問題來了：那為什麼我最後還是進了法律系？

也許是自認數學不好、也可能是與班上同學隨波逐流的結果，但我自認最關鍵的一點還是：我想瞭解這門我父母為了它奉獻一生的學科。能讓我有生以來認識的兩個最聰明的人願意犧牲自己的青春、持續堅持數十年鑽研努力的領域，我相信法律一定有它值得我去學習、探索的價值存在。

我認為選擇跟父母相同的科系，不代表我以後必然會擁有跟他們同樣的職涯，反而是一個讓我更能活出和爸媽不同人生的機會。同樣都是台大、同樣都是法律系，融合了爸媽優缺點的我能夠開拓出一條什麼樣的道路？我就是為了得到這個問題的答案，才義無反顧的在志願表上把法律系填在第一志願，這也許就是我個性中叛逆的展現吧！人家都說跟爸媽讀一樣的科系很沒創意，既然這樣我就偏要和人家作對，我要證明給別人看：縱然我跟爸媽都是法律系出身，但我可與他們截然不同。我選擇了與父母職業相同的領域，但我的故事絕不是毫無創意。我想要的是一個不聽話的小孩試圖闖出自己一片天的冒險奇譚，而不是又一個克紹箕裘的平淡故事。

現在念到大四了，我對法律有什麼想法？必須很誠實的說，在這四年內，法律讓我遭遇了不少挫折，一本又一本比磚頭還厚的教科書、永遠背不完的學說和法條、身邊無數比我還要優秀的同學，讓我常常懷疑自己是不是其實不適合讀法律？是不是當初應該選擇其他的路，就不用活在優秀父母的陰影之下？儘管常有因為讀不懂法律而心情低落、自我貶低的時候，但我從未想過放棄。「自己做出的決定，就要自己負責」是我的座右銘。為了自己的選擇全力以赴、不論後果是好是壞都勇敢承擔，是我自認能對得起自己的最好態度。人們始終會過於美化當初未選擇的那條路，卻沒有人有辦法知道當初如果做出不同選擇的話，會不會得到比現在更好的結果。既然如此，就在已經選擇的道路上繼續努力又有何不好？畢竟也曾對這條路的未來有過盼望和幻想，就算過程中會有阻礙、困難，但未曾跋涉過崎嶇的陡坡、又怎麼能夠見證峰頂的壯闊景色呢？

憑著這樣的信念，我撐了過來，考上研究所的那一刻，似乎稍微能理解爸媽堅持下去的理由了。但這還不是終點，未來還有國考、留學和執業等無數的考驗在等著我，我不敢說自己能夠克服全部難關，但我有勇氣面對任何挑戰。拚盡全力直面生活中的一切，不只是我對自己人生的最好交代，也是作為爸媽沒有白養我長大的最佳證明。

講了這麼多好像都沒有提到跟書有關的事情，回家大概又要被老媽罵了（反正也不是第一次了）。這本書裡結合了我們家的日常生活（大概只有一半是真的）跟很多大家現實中都常常遇到的法律問題，作為認識法律的入門書或是睡前閱讀的放鬆小品都很適合，推薦大家有空可以拜讀這本家母投入大量心思撰寫的書，希望大家看完之後不要對我們的家庭生活有太過美好的想像（當然也不用去揣測故事背後可能有什麼陰暗的真相之類的）。

最後就是老媽辛苦了，除了開庭寫判決跟寫書之外，還要花時間打理家中各種雜事（老爸動不動就忘記關的瓦斯爐跟冰箱、老妹各式各樣的感情問題、還有我備考期間極度不穩定的情緒 etc）。祝妳新書大賣、未來能持續做自己喜歡的事，繼續做大家最喜歡的章魚法官、帶給身邊的人無限溫暖，哪天要是我結婚生小孩了還要再麻煩妳幫忙照顧了（我不太相信老爸會知道怎麼抱小孩跟餵奶，他能跟我和孫子孫女一起去看棒球我就很滿意了）。

我有話要說!
給妳麥克風
(咳咳)請讀我的序

愛講故事的媽咪

黃昭菱（妹妹）

（咳咳）我有話要說！

應該很多讀者看了前面兩本書，都以為我是個幼稚園小孩。但其實，這本書出版的時候，妹妹本人已經快二十一歲了！

我媽咪好像很喜歡把我寫成一個牙齒還沒換完的小女孩，一部分可能是因為那樣比較容易用淺顯的方式講解法律，另一部分嘛……我猜是因為在她眼裡，我永遠都是那個小小孩吧。

前面兩本書我都沒有寫序，所以這次我有很多話要說！

我曾經很認真問過我媽咪：阿公阿嬤在幫妳取名字的時候，真的沒有發現前兩個字唸起來很像「章魚」嗎？她說他們應該沒想到。但命運顯然想得很清楚——現在大家都叫她章魚法官了！

而且她真的超級喜歡章魚——喜歡到會一直買章魚娃娃，有時候甚至只要長得有一點像章魚她就會買，像是某些看起來根本是水母的娃娃，也會被她硬說成是章魚（我放棄糾正了）（媽咪請妳不要再指水母為章魚了）。

章魚法官女士是個非常會講故事的人（這是來自一個聽她講故事長達二十一年的資深人士的證詞）。大家常說我媽咪跟一般人印象中的法官不一樣——不嚴肅、沒有距離感，還會模仿卡通角色講話。從小到大，她總是能很順地回答我和哥哥（大部分是我）提出的奇怪問題：像是——為什麼我煎的蛋不像動畫裡那麼漂亮？為什麼哥哥比我會讀書？還有，為什麼律師爸比的頭髮這麼短……？但是她也常常在滑手機，這時候我就會問：「媽咪，你有在聽我講話嗎？」「嗯～媽咪有在聽。」「我又沒有在跟妳講話。」

國中時期有一段時間，我跟媽咪兩人一見面就吵架。可是很神奇的，有一天我覺得媽咪沒這麼討厭了（或者是：我也沒這麼機車了），我們可以一起去逛街吃東西，我會給她看我追的偶像的跳舞唱歌影片，她也是忍耐著看完。我會進去廚房幫她的忙，然後抱怨爸比哥哥為何可以在客廳看棒球。

高中的時候，我們常常在她載我去上學的路上聊天。每天早上，我就像副駕駛座上的小記者，一直問東問西，從天上的星星問到同學之間的友情，司機章魚女士也總是很有耐心地回答，偶爾還會順便抱怨一下前面的車為什麼這麼慢。

我很開心，除了我以外，還有這麼多人喜歡讀媽咪女士的故事。希望她的文字也能像我小時候聽她講的故事那樣，帶給讀者新的知識、啟發，還有一點點溫暖。

最後，祝福媽咪新書大賣！然後請我吃好吃的東西——小籠包、壽喜燒、韓式烤肉、越南河粉、千層蛋糕，全部都要！

目次

推薦序
一個熱愛人生的一般人／林從一（國家教育研究院院長） 3
法律與教育的交會處：一位「章魚媽媽」的教養心法／毛律師（「律師帶你看校園大小事」粉專主持人） 6
孩子的成長不只靠愛，還要有法／蔡淇華（惠文高中圖書館主任、作家） 13
來自老公的感謝／黃福雄（爸爸） 16
跟爸媽不一樣的人生／黃昭勛（哥哥） 17
愛講故事的媽咪／黃昭菱（妹妹） 22

輯一　從家庭出發：爸爸媽媽準備好了嗎？

輯二　在校園啟蒙：親師心聲甘苦談

輯三　與社會連結：責任、義務、職業與性別平等

輯四 領航父母勿迷茫、自在人生再成長

輯一　從家庭出發

爸爸媽媽準備好了嗎？

你的孩子就是你的

如果說我有戀物癖的話，那就是對各種寫滿文字的紙張筆記以及信件，我根本無能為力將它棄之於回收桶。

誰可以回收我的青春？誰可以召喚過往的記憶？除了這些罪證確鑿的文件之外。這是通往過去的鑰匙，也是時間折返的黑洞，每次大掃除，打開這些在書房角落的箱子，層層疊疊的紙張簿冊日記本，蟲蛀的痕跡、發黃的脆紙片、幾乎散掉的頁縫連接線，小心翼翼地翻閱，立刻進入小叮噹時光隧道中。

小學的「提早寫作」、國中週記、高中作文本、大學日記、法官考試及格通知書、工作之後的庭期簿、結婚喜帖、媽媽手冊、哥哥妹妹的聯絡本准考證大學入學通知、老爸的訃聞、老媽的訃聞。

時光停滯在此。

留下這些，做什麼呢？人的記憶是不可信的嗎？需要佐證需要記錄需要對照嗎？我在法庭上聲聲句句都要提示當事人：「證據到哪裡、案件就辦到哪裡。」但是屬於自己的人生故事，沒有了這些資料文件日記，就沒有了真相？真相如此重要嗎？誰在意這些證據真相？湮滅這些資料，記憶就不存在了嗎？

在我淪入思考與哲學的困境時，哥哥妹妹的出現總是可以讓我回歸現實。

「媽咪，你有看到我的悠遊卡學生證嗎？」哥哥大喊。

「請問你翻過洗衣籃了嗎？還有球袋、外套……」媽咪偵探腦開始運作，指出幾個可能的犯罪地點。

唉~拿出媽媽手冊，翻開哥哥的第一張照片，黑呼呼的一團，在子宮內蜷縮著，醫師說這是頭這是手，我根本看不出來。只知道，神奇的生命正在我的肚子內，多麼幸運的我，可以開始另一個奇妙的生命經歷，我要當媽媽了！

婚後五年才懷孕，這是跟老黃（就是我ㄤ）溝通（抗爭）許久的決定，雖然兩個法律人在討論事情的時候可以依法論法、冷靜理性，但是延續生命這件事，的確必須在婚姻的本質上徹底達到合意才行。畢竟教養孩子是家庭的責任，要一起承擔一起面對。

「我就是想，我們兩個這樣平靜地過日子不是很好嗎？」老黃說：「一起出國，自在隨性，享受生活。」

「可是，我的婚姻的定義裡面，就是要有孩子啊！愈多愈好，最好兄弟姊妹都有。」我奮力爭取，「你自己也是三個哥哥四個姊姊，難道不希望家族愈來愈壯大嗎？」

「……」

老黃一臉為難，我們之間的討論（爭執）往往就在凝重的氣氛下暫停。

後來，已經瀕臨高齡產婦的年紀，我不得不下最後通牒。

「要嘛跟我生，要嘛就離婚。」簡單明瞭的結論。

「我不想離婚。」老黃還在撐。

「那我自己去外面想辦法。」情急之下我脫口而出。

這下子老黃緊張了，「那怎麼行？」

（以下限制級文字刪除）

終於，驗孕棒上出現兩條橫線，趕快衝出浴室拿給老黃看，他的臉上出現了三條橫線。

懷孕期間，莫名其妙的禁忌一堆：三個月前不可以講，所以我收起桌球拍，還得故意一擺一擺拖著腳，出現在球友面前：「那個……我昨天踩到狗大便滑一跤。」

愛喝咖啡的我，開會時皺眉對同事說：「胃食道逆流，醫師建議我禁咖啡。」

餐後甜點綠豆薏仁湯，聽說薏仁屬於排毒食品，不可以吃，要不然會流產。只好吞下口水，假意說：「欸我今天不方便吃冰的。」（女同事理解地笑笑。）

等到終於可以公開孕事了，馬上把孕婦裝穿上，就是怕有人會從我後方拍肩叫我打招呼。開始留意各種營養食品、胎教音樂、翻開康熙字典想名字；懷疑坐在電腦前的電磁波會影響胎兒，趕快買貴桑桑的什麼防輻射圍裙穿上（結果不敵夏天熱氣根本最後就丟到一邊）。生冷不吃、醬油不沾；家族喪事不用出席，聚餐優先挑選食物、提前離席回家休息；走在街上突然發現很多大肚子女生出現，研究拉梅茲呼吸法，準備棉料衣服兔子裝。

那時候我正在刑事庭，承辦重大案件（就是殺人放火等重罪），一樣開庭寫判決。有沒有因此格外慈悲或者下手輕一點？說實在，後來我常常忘記自己肚子裡有個小孩，或許是因為從小胖習慣了，身手矯健，逛街走路爬山如常。工作上，一樣全力投入，穿著法袍坐在檯上，沒人知道我懷孕。適逢職務調動，孕婦的優先權讓我可以去簡易庭，當時案件仍未爆表的情況下，才可以容許孕婦將近二個月的產假不至於影響同事工作。

孕期後半段已近盛夏，我常常吹冷氣外加電風扇仍是滿頭大汗。我會摸摸肚子，喃喃自語：「小呆瓜，你要乖乖的喔！再過兩個月，我們就要見面了。」

所有的父母，剛開始，只希望孩子正常健康就好。當然有時候產婦憂鬱（幻想）症發作，腦袋會偏離跑道想著萬一有什麼遺傳性疾病、基因突變、各種罕見疾病……怎麼辦？如果可以有基因篩選機制，把我的短腿去掉，雙眼皮以及高鼻子留下；把我數學障礙的腦細胞剔除，只留下老黃的聰明靈活。或許應該多看一下湯姆．克魯斯或者木村拓哉的照片，甚至到處去拜拜祈求，唸佛經求上帝。（在懷妹妹時，還要吞珍珠粉、喝牛奶……結果妹妹皮膚超黑!!）

各種痴心父母該做的、不該做的事，我都嘗試過了。

二〇〇三年，人類基因圖譜作成，人與人的差距僅有百分之一到百分之二。

近年來，各種基因篩檢方式進步，許多遺傳性的疾病可以預先檢測，桃莉羊出現之後，大家開始預測幾年後會有人造人。ＡＩ愈來愈聰明，機器人顯然成為照顧我們的最佳方式。

二〇二五年，全球氣候異常愈來愈常見，人類往外太空移民的計畫並非好萊塢電影的情節。

當我們還在讚嘆生命的奧祕時，宇宙正用光速般的節奏，迫使我們面對並迎接這未知的未來。

延續生命，從來就不是一件簡單的事。

貼心提醒

優生保健法規定，醫生發現病患因為有礙優生之遺傳性、傳染性疾病或精神疾病的病患，必須將實情告知患者或其法定代理人，並勸其接受治療，或者實施人工結紮手術。

懷孕婦女若有醫學上理由，足以認定胎兒有畸型發育之虞者，可以自願實施人工流產。

人工生殖醫學的目的，應該是促進生育，而不是訂做完美的下一代，更非恣意選擇基因。生男生女一樣好，爸爸媽媽一起迎接生命，共同擔任扶養大責。

起跑點前的準備區：保母難尋

經過兩個月的產假休養，遵守一堆禁忌（不能洗頭、不喝冷水、只吃花生燉豬腳、麻油雞、眼睛不要過度使用……），把自己養成相撲選手的身材之後，終究要回復上班的「正常」日子。

那每天在奶香醒來的美妙時刻、那因為貪看熟睡中的天使面容而感動不已的母性、每天規律四小時餵奶、定期換尿布的單純手工業，要交棒給誰呢？

我很幸運，我的母親一手承接了這個工作，早就預告要退休的父親，也已經躍躍欲試要開車帶著寶貝孫子逛街，象棋圍棋的棋盤都準備好了，更別提那全套棒球裝備：手套、帽子、球棒、本壘版（阿公你是以為孩子六個月就會翻身爬起來跟你玩嗎？），對於四十年前幾乎呈現缺席的父親角色，阿公更像是要一次把所有育兒過程補齊。這也是傳統男生常見的情況：年輕時拚命工作承擔家中經濟主要來源，兒女教育成長階段幾乎隱形（不是加班就是補眠或者出差中），忽然婚禮上要攙著女兒的手走向紅毯那一端，把她交給那個看起來不怎麼樣的男生偏偏女兒就愛，實在是不甘願又無奈以至於臉色很臭，甚至在女兒出門跪別時，涕淚縱橫到無法收拾（咦我在講誰？老爸不要怪我，你突然爆哭的畫面實在太經典）。

但是，那些沒有長輩幫忙的新手父母怎麼辦？有些同事遠離家鄉工作，只能把孩子暫時放回南部家鄉，擔任假日父母。有些依賴家裡附近的保母，早送晚接，每天出門像個聖誕樹一樣掛滿包包棉被用具，還要擔心暫停的車子會被拖吊或者開紅單。

還有，不能搬上檯面的方法……

家裡有高齡爺爺奶奶的，突然之間都變成失智無能或者嚴重疾病，走進醫院坐上輪椅由家人推著，依照仲介公司給的劇本，進入診間後，醫生問什麼都不會回答，最好流口水眼神呆滯，手無縛雞之力、腳被踩到也沒有感覺。終於大家心照不宣拿著「巴氏量表」回家，再交給當初按表教學的人力仲介公司經理，填完繁複的表格、申請繳費等等手續，接下來就可以迎接來自東南亞的姊妹阿雅回家，泡奶洗澡看顧一手包辦，還可以煮三餐兼曬衣掃地，假日偶爾還會給她加班費讓她去姨婆家打掃，雇主與阿雅俱歡。

以為這樣解決一切問題了嗎？

直到有一天，阿雅在公園推著嬰兒車曬太陽的時候，或者陪著阿公阿嬤去醫院拿藥的時候，移民署專勤隊突然現身，詢問她的身分、工作地點以及入境時間等等，然後警察局請你去做筆錄。

然後，一張罰單來了，一份起訴書來了。

爸爸媽媽驚慌失措，一輩子奉公守法的阿公阿嬤也嚇壞了。什麼偽造文書？使公務員登載不實？就業服務法第幾條第幾項，這些事情不都是仲介公司打包票說沒問題的嗎？

我在承辦相關的案件時，常常遇到不知所措的新手爸媽，他們會辯稱：「仲介公司說沒問題，只是試用期間，還不用正式申請。」「不知道這樣子不行，是阿雅自己說要多賺一點錢，所以才給她加班費。」

「阿公阿嬤根本沒有跟新生兒一起住，而且當初是請看護工，不是家庭幫傭。」我在法庭上向當事人解說，其實自己也很心虛，「照顧老人跟照顧嬰兒，工作內容畢竟不同，你們當初在申請時，既然是為了老人家而申請，實際上卻在照顧嬰兒，這樣不行喔！」

有不一樣嗎？我內心自問。定期餵食、更衣、沐浴，注意活動範圍的安全性，記得打疫苗，避免出入人多場合，外出用餐要先想好無障礙空間（嬰兒車跟輪椅的寬度畢竟不一樣），攜帶尿布更換的衣物，出趟遠門簡直就是三級戰事的配備。都在職場打拚的夫妻，如果能有專業照顧人員在家，讓在職場打拚的社會中流砥柱無後顧之憂，國家經濟應該會始終閃紅黃燈吧？

就業服務法剛開始施行，許多人真的不瞭解，模模糊糊中跨越了界線，即使是初犯，行政罰鍰的金額動輒幾萬元，刑事程序的進行又讓人膽戰心驚。對於那些處在三明治世代的父母，難道就不能申請一位協助家事管理的萬事通嗎？無論名稱是看護？幫傭？家事管理員？玫瑰不會因為改名而失去花香，無論阿雅的名稱是什麼，只要能為筋疲力盡的新手父母分憂解勞、帶來花香，阿雅就是救世主！

國家引入外勞幫傭看護，固然必須考慮整體勞動人口的結構，保護本國人工作機會，當然也有詭異的外交政策與尷尬的國際關係，必須面對現實的是，台灣已經邁入超高齡社會，生育率早已跟南韓兄弟輪流「低」踞全世界倒數一、二名。如果不再改善育兒的條件，實施政策性且長期的扶助制度，只怕「生不如死」的現象還會延續幾代。

要生更要養，我在成為母親之後，極度想要的就是孫悟空拔一根毛吹口氣就產生許多分身的法術。工作與家事的雙重壓力，再怎樣有阿公阿嬤的協助，我常常還是像陀螺一樣轉啊轉。搔搔頭頂，只有看見飄落的髮絲，還要趕快小心撿起，爬行中的幼兒簡直是活動的吸塵器，能入口的不能入口的，他都會在第三次元的空間裡找到，然後吞下去。

在孩子上幼稚園之前，我幾乎不曾坐在沙發上看過一集完整的影集。眼觀四面耳聽八方，預測孩子跌倒的方向或者碗筷水杯掉落的時刻，手腳要快。有部電影《超人家族》，爸爸有神力可以舉起半個地球，弟弟是飛毛腿，姊姊可以豎起防衛金鐘罩，嬰兒……純真的嬰兒看似無害，其實突然會像一座火山爆發。

媽媽呢？我覺得媽媽的描述最貼切。

媽咪有彈性超強的手腳，可以延伸極長，一把抓住孩子。也可以將四肢張開拱起身體成為降落傘，將孩子捧在手心，全力護衛著一家人安全抵達地面。

貼心提醒

就業服務法關於聘僱外國人的規定，尤其是家庭幫傭、機構看護及家庭看護工作，有一定的條件與規定，請遵守聘僱的程序及條件，不可以留用非法外籍人士，切勿涉及偽造文書等行為，可以諮詢合法仲介公司代為辦理申請事項，或查詢勞動部勞動力發展署、衛生福利部的網站。

天真爛漫學齡前篇

看到令人難過氣憤的新聞，幼兒園裡居然發生教師猥褻孩童事件，爸媽心有戚戚，本該是讓人安心溫馨的地方，負責照顧的老師居然對毫無招架之力的孩童下手，表達能力都尚未成熟的孩子，如何承受這一切？爸媽又該如何警醒發現呢？

在選擇哥哥妹妹的幼兒園之前，我也是神農嚐百草，東邊看這間雙語號稱美師全天守候，西邊察看標榜創意與美學的殿堂，南邊聽別人推薦的那間超棒的還要靠關係才可以進去，北邊又說公校附設的幼兒園得先遷戶籍……

跟老黃商量，他不改律師冷靜理性的分析方式：「雙語？連台語都還不會說就去學什麼外國話？」「連進幼兒園都要關說，那其他沒有關係的家長怎麼辦？」「公校附設的妳抽的到嗎？妳有中獎命嗎？妳的好運氣都在選丈夫這件事情上用完了吧！」

句句切中要害。

於是，我們選擇了離家裡最近的那一間，雖然是在大馬路邊巷弄中公寓的一樓，但畢竟外面就是公園，不愁沒有放電奔跑的地方。去詢問試讀的時候園長笑咪咪的，解說介紹環境的時候，小孩子很自然地跑過去抱著園長的大腿。加上當天可以試吃營養午餐，我一口吞下之後就再也說不出話。

孩子的第一個學校，這麼一件重大的事情，我居然讓口腹之慾來決定。

如果這是安排好的情節，那我也就自然而然中計了吧！不過因為多少有打聽（同學的孩子就讀過、網路查詢一下風評、設立十幾年了還在原地顯然跟鄰居關係也好……），哥哥妹妹都在這裡，度過他們第一個學校生涯。

你說這一間好嗎？我只能說，哥哥妹妹現在都是大學生了，經過此處，還會說：「我想回去找園長跟老師耶！」

讓孩子上幼兒園，有經驗的爸媽都知道，在他們尚未學會流利的英文之前，先帶回家的，就是感冒、拉肚子，以及各種流行性疾病！

再怎麼小心謹慎，群聚的地方就是感染的大本營。既然不能把孩子放在無菌室裡面培養，只好忍痛讓他們走進人群，讓身體鍛鍊對抗病菌的能力。幼兒園老師其實很辛苦，唱唱跳跳之後，還要記得定時幫孩子餵藥。每次哥哥妹妹感冒，那兩個禮拜我幾乎都是熊貓眼，要陪睡觀察他們的呼吸狀況，要哄誘騙他們灌入藥粉藥水，要隔離他們跟阿公阿嬤還有要開會要出差千萬不能感染到的爸爸，半夜他們嘔吐要換床單，去廚房冰箱拿冰枕的時候，經過臥室聽到老黃在裡面熟睡的鼾聲，會忍住自己不要順便拿菜刀……

在世紀大疫 COVID-19 來臨之前，有道德觀念的家長會把感冒的孩子留在家中自己照顧，但不是每一個家庭都隨時有援手，爸媽輪流請假也不是辦法。無奈的家長心虛地將流鼻涕的孩子交給幼兒園的時候，還會假裝一下：「我看他還好，是下車時吹到風才流鼻涕的……」也不想想下車距離門口只有兩步之遙。想想每個月咬牙將自己的薪水轉入幼兒園帳戶，就會安慰自己：「使用者付費，還是老師比較專業。」幾次深夜夢迴，就會再問自己一次：「到底我在為誰辛苦為誰忙？」

當初我第一次強烈地想要辭職，就是哥哥三歲的時候。眼看著他牙牙學語，唱跳翻身，每天晚上翻著圖畫書唸故事給他聽，他眼中崇拜的神情以及雀躍的模樣；回家開門時他衝過來緊抱妳大腿的依戀，上大號時也不准我將門關上只為了唱歌給我聽，他走在街上對於每一輛車的 Logo 都清楚，看見路邊招牌會問我：「媽咪，『牙料』、『眼料』是賣什麼？」「前面有一輛『炒石車』。」

簡直是千百年難得一見的天才吧！三歲而已就知道「牙科」、「眼科」、「砂石車」，比「之無」兩字更難的他都會了，難道我不應該好好全力栽培這位諾貝爾獎候選人嗎？

加上妹妹也出生了，兩個孩子，阿公阿嬤再有力氣，也不能取代父母。幫傭阿姨能分擔的就是勞力活，心靈成長個性養成還有各種才藝班，要求媽媽隨堂跟課。鋼琴、圍棋、律動、美術勞作，聽說國文作文也有幼幼班，難不成我也要一起搖頭晃腦背「人之初、性本善……」。

父母對孩子的期許，在這個階段開始面臨「不要輸在起跑點」的魔障下。

我們幾乎忘記了，當初產檢時單純地希望他們不要有先天性的疾病或者突變就好，四肢健全就好，會喝奶會翻身會一覺到天亮就是天使，願意在推車上坐五分鐘讓媽媽可以仔細挑選一只包包或一件外套，櫃姊就稱讚「這孩子好乖」。

我們都開始焦慮，是否此時就是最好的時刻？灌溉養分、加入肥料，開發大腦增加智商，手足並用塑形體態，否則，「妳這個媽媽是怎麼當的？」這句咒語，可以讓所有的媽媽一刀斃命，逃不過自己內心的煎熬，也避不開社會家族的壓力。

記得有位愛女心切的父親，得知自己的女兒在幼兒園被同學「欺負」，憤而前往理論並且要求調閱監視器影片，以高規格辦案方式求真相，並要求學校及同學家長道歉的事嗎？

當大眾一味在獵巫大肆撻伐「檢察官」爸爸的荒謬離譜行為的時候，我私心暗自為他的行為獻上一點同理。所有的父性母性，都在保護自己的孩子不受侵害。或許他的心態應該要調整，當孩子背起書包，轉身搖手跟你掰掰，走進校園的那一刻，他們早就是一個獨立的個體。

孩子該承擔的、學習的、經歷的，爸爸媽媽無法代替，也無須搶過來替他們承擔。父母能做的，或許是每天檢查孩子的身體狀況，有無外傷？孩子對於學校活動的反應，是否有懼怕或排斥？在接送孩子的同時，觀察其他同學的狀況，與其他家長保持一定的溝通與聯繫，交換經驗。

隨時記得我們第一眼看見孩子來到世界那一刻的心情：孩子，我只希望你健康地活著，我們一起來體驗這世界。

爸爸媽媽準備好了嗎？孩子的才藝永遠不會因為你錯過報名而滅失，天才智商或者奧林匹克獎項，有時候是運氣（想想我們自己有拿過嗎？憑什麼孩子應該比我們強？）；如果家長群組裡都在比較誰的孩子拿過獎項、誰誰誰又出國比賽、上台表演、幾歲就發明專利，那我們就拍拍手給予他們賀喜，然後默默地回家抱自己的小孩，並且感到安慰：我家的孩子吃完飯了還會把碗筷拿去水槽，看到阿公阿嬤會打招呼，一到十寫得很清楚。

人皆養子望聰明，我被聰明誤一生；
唯願孩兒愚且魯，無災無難到公卿。

蘇東坡早就提醒痴心父母們，被聰明誤一生的孩子多麼可憐。

貼心提醒

孩子最重要的生活場域還是家庭，與其讓其多學才藝，不如多與父母建立連結與信任，父母也要關注每一階段的教育人員，我國訂有「不適任教育人員之通報資訊蒐集及查詢處理利用辦法」，教育部亦有各場域不適任人員通報系統。家長老師齊力協心，讓孩子有權利在安全的環境下成長。

向左走、向右走：公私兩難的抉擇

參加了哥哥的第一場畢業典禮，看到他在台上唱唱跳跳好不快樂，阿公阿嬤家族一群人都搶著要到舞台前拍照錄影，各種造型的畢業袍穿在哥哥身上簡直堪比金像獎頒獎典禮的紅毯秀。每逢畢業典禮必哭的我，終究要回到現實，傷透腦筋的問題就是：到底要讓孩子念公校還是私校？

號稱一貫教學的國際學校，從小學到高中都安排好了，畢業後保證進入美國排名前一百的大學，看起來真不錯。以管理嚴謹且道德修養為最高原則的宗教學校，每人都會學兩種樂器、第二第三外國語，住校統一生活管理，導師法師恩師陪伴在側，教出來的孩子絕對懂得感恩孝順。當然也有創意自由的體制外學校，在大自然環境裡盡情發展個人天賦。公校的課後社團看起來也很棒，校門口外補習家教班林立，不用擔心放學沒人接，補習班老師會在門口等候，一整排帶回去，先吃點心再寫功課，爸爸媽媽來接回家只需閉眼在聯絡簿上簽名即可。

怎麼辦？左右為難。

我跟老黃討論許多次，再怎麼想，還是以自己的經驗來判斷，當初我們兩個都是念距離家裡最近的公立小學中學，想想我們的父母當初也沒多少時間管我們。所以老黃在萬華區、我在中壢果菜市場邊，安安穩穩地度過九年的時間。老黃班上的同學有人書包內裝有扁鑽，下課還要陪同爸爸去收保護費；我的同學則是因為要在凌晨幫家裡搬水果所以課堂上都在睡覺，我們的老師當時都有在家裡公寓客廳內開班，排排坐寫功課，只收現金，月考前還會不小心剛好做到類似的題目……

我們就這樣一路念公立學校，幸運地分到升學班，同校其他放牛班或者體育班的同學來自各種不同的家庭，也讓我們提前瞭解職業的多樣性以及社會真實面。記得國中畢業典禮時，我滿手拿著獎狀禮物，看到刑警隊的警官們在校園巡察，還真是吃驚。老黃嗤笑我不懂世事，當初他的同學就嗆聲畢業那天要在校門口外「堵」訓導主任……

我們都算是一路平安地通過考試找到工作、結婚生子。沒有人事先幫我們規劃安排，當然也沒用到遷移戶口搶優先學籍的招數，我們信任國家的考試制度，並且深信要靠這個才有翻身的可能性。

等到自己的孩子要進入教育體系了，好像就無法如此隨性。環境在變，聽說的故事一大疊。是否一旦進入私小，就要接續私立中學呢？一定要出國念書嗎？孩子可以適應的環境是哪裡呢？

對於喜歡變化的我，無法理解為什麼十幾年的中小學校園生活只能在同一個地方、可能是相同的同學以及老師，念到最後閉著眼睛就可以從教室走到廁所，校慶活動也是一年一年重複的內容，營養午餐大概就是那些菜色……（又是口腹之慾來決定！）

於是，哥哥妹妹都進入了距離我家只有幾條巷子的公立國小。

我的爸爸媽媽（簡稱阿公阿嬤）也贊成這樣的決定，阿公可以早起送孩子上學，順便擔任交通導護志工，拿著旗幟在紅磚路斑馬線旁，守護上學孩童的安全，嗶嗶嗶哨子響起，車輛都乖乖聽話。

小一小二只有半天的課，放學後的規劃應該是讓許多父母決定要讓孩子念私小的原因。大家都這麼說：「安親班的價錢加起來，跟念私小的學費一樣。」「讓孩子在校一整天完成功課，還有校車接送，簡單方便。」

雙薪家庭的父母，確實是無法有人力騰出時間來安排孩子的課後活動，即使三代同堂也不是每個阿公阿嬤都有力氣騎腳踏車去接孫子放學。城鄉差距也有不同的問題：在都會區，「安親班一條街」的現象在各個國小國中附近，屢見不鮮。在鄉郊區，孩子騎腳踏車奔馳回家，幸運的有阿公阿嬤在，或者自己開門回家看電視等爸媽。

我們都知道，全人教育的意義就是，孩子不只是在校園內才能學習。課堂上正襟危坐地聽課固然重要，在操場上跑跑跳跳鍛鍊強健體魄也很好，去實驗室用顯微鏡看細菌、到農地摸摸青草與土地、全班一起練習拔河技巧，或者是樂樂球賽的集訓、合唱比賽的預演……學校是孩子邁入社會的前哨戰，除了知識的傳遞，校園更是學習團體生活、與人相處、發掘自我專長天賦的場域。

孩子們脫下制服、換上睡衣之前，有沒有一個完整的時段，他可以自在地探索這世界的不同面貌？

才藝班也好、體育競賽也好，做餅乾、玩實驗、畫畫雕刻、下棋跳舞、看漫畫打電動，在樹下發呆，這都是「生活」啊！如果不在小時候就培養他們「全面生活」的能力，只要求課業上的一百分，會不會養成一個畸形的怪獸？但是，一味地把孩子塞去才藝班，也不知道他們是否真的喜歡，或者是不願意輸在起跑點的魔咒又再度促使爸媽心甘情願掏錢化解良心的譴責與內疚？

（幾年過後，誰家裡沒有堆積著僅僅用過幾次的大小提琴、鋼琴、豎笛，滿坑滿谷的顏料畫架或者黏土？還有各種語言教學的錄音帶CD？）

回想起自己的童年時期，爸媽為了家計都在工作，三個哥哥與我，下課後好像都是在家裡附近的竹林野地上，彈珠橡皮筋騎馬打仗，連卡通都要等到六點才得看的時代，華視的《小甜甜》總輸給中視的《科學小飛俠》（哥哥三票贏過我一票，我們家還真民主）。

成為父母親的我們，下班過後回到家，還有多少力氣跟孩子們一起玩？我們可願意召喚出藏在我們內心的那個兒童，再度跟著孩子一起走過豐富精彩的童年？

近年來生育率下降，許多國小因招生不足而面臨廢校危機。我常常想，如果台灣已經邁入超高齡社會，有沒有一個曾經是學校的地方，可以讓爺爺奶奶白天去上學，繼續學習各種課程。下午或傍晚時分，學生們下課尚未回家的時候，可以到這裡，吃一些爺爺奶奶白天學做的麵包點心，在操場跑跑跳跳玩球做體操，旁邊有菜園奶奶可以教孩子認識小番茄馬鈴薯，免得孩子們以為草莓是長在樹上。爺爺奶奶可以教孩子們各種才藝：做燈籠、烤餅乾、縫紉、畫畫、唱歌、拉二胡，等到天色漸黑爸爸媽媽下班了，一起到這裡接爺爺奶奶孩子回家……。

我是不是痴人說夢？

貼心提醒

公立私立學校各有優點，請斟酌考量孩子的特性以及家庭的支援模式。養一個孩子需要一個村落，育子之路何其漫長，請盡量尋求各種協助，勿給自己過大壓力。

十八般武藝的小學與資源公平

終於來到哥哥妹妹的小學時刻。

雖然相差兩歲，可是哥哥是九月初出生，妹妹是八月下旬來到人間報到，所以兄妹只差一個年級。曾經有位家長為了他八月三十一日出生的兒子打官司，希望可以提早入學，但是敗訴了。這個問題涉及到很多的層面，蠻有意思的，但是坊間據說有一些方式：例如先去隔壁縣市入學、再轉入（審核比較嚴格）的台北市，或者乾脆直接去私立小學比較好安排……不過，說實話，許多分隔線就是硬生生一刀切開，總是要選一個出生日期作為小一新生的入學時間。改為元旦比較好嗎？還是七月一日比較公平？我們就順理成章地讓哥哥成為班上的老大哥，男生嘛！總是成熟地慢一點，我覺得無所謂。倒是妹妹，常常覺得她稚氣未脫，在班上似乎也沒有因為身材較嬌小而吃虧。兩兄妹，一個處女座、一位獅子座，讓巨蟹媽媽常常要「因材施教」。當然，再麻煩也沒有雙子座爸爸的古怪精靈臉皮厚，常常讓我氣急攻心、血壓增高（以下僅將十五萬字的婚姻生活血淚史挪到下一本書再說）。

選擇家裡附近的公立小學，就是希望哥哥妹妹能多睡半小時，阿公阿嬤也可以幫忙接送，當然，爸爸無論多忙，開學時刻總是要報到一下，宣示父親的主權（事實證明，爸爸果然僅有報到兩次：開學一次、畢業典禮一次）。

妹妹開學那天，阿公帶著哥哥去他的教室，阿嬤跟我、還有爸爸一起去妹妹的教室。一位笑咪咪且活力十足的女導師迎面而來，我一看就喜歡。教室一前一後出口掛上「快樂門」、「健康門」的標誌，背景音樂是宮崎駿卡通主題曲，黑板螢幕有可愛的動畫，每個人桌上都有一包綁著緞帶的小禮物，班上新生們不哭不鬧，反而是一群比學生多三、四倍的大人們，好奇地東看西看，熱鬧非凡。

導師拿著相機，在每一個位置上走動，幫大家拍全家福，真是細心又溫暖的舉動，她走到妹妹的位置附近，看到阿嬤在幫忙擦桌子、媽媽在擺放書包，導師好心地吆喝：「來來來，十八號黃ＸＸ小朋友，來個大合照。家人一起來，媽媽、阿嬤……」老師看到旁邊西裝筆挺但是額上光亮、髮絲稀疏的爸爸，稍微遲疑一下，繼續說：「還有這位……阿公！阿公也一起來合照！」

這張照片，一直擺在爸爸的辦公桌旁。

小學的生活，就是各種校園活動的串連：園遊會、體育表演會、樂樂球比賽、合唱團、舞蹈表演、認識植物動物、冬至捏湯圓、過年寫春聯、元宵節猜燈謎，端午節划（陸上）龍舟、中秋節賞月剝柚子、國慶日升旗、聖誕老公公（一定是校長打扮）到各班送糖果……

各種活動將孩子的小學生活綴滿了熱鬧的氛圍，全家人被迫參與，節日近了，附近的文具行就擠滿了買紅色毛線帽、或者燈籠、或者跳繩以及各種道具的家長。那幾年，我們全家都跟著孩子的節奏過日子，感受每一個節日的特色。

至於班上的活動，晨間時間老師開教師會議尚未踏入教室前，讓愛心媽媽（爸爸）來看守一下，講講故事。有些老師會安排職業介紹的環節，讓家長們到班上講解自己的工作（有位裁縫爸爸把人形衣架帶來、我當然是帶各式法袍還被問為什麼沒有捲捲假髮）。還有要安排交通導護的值班，基本上全校各班都要輪值一次，在下課時間到學校附近路口的人行道，穿上醒目的螢光背心，手持閃光棒或交通旗，在車道綠燈時擋住孩子，避免橫衝直撞。至於晨間的交通導護，更是身兼重任，志工要在排隊的車陣中指揮若定，另外一群志工要在校門口幫忙開車門讓孩子盡速下車。

我們學校的晨間導護志工，是一群極有愛心的家長，他們必須早早起床，七點一到就要在崗位上，冬天寒雨、夏天酷熱，很多志工的孩子早已畢業，但是他們還願意繼續這個無酬勞的工作，為的是什麼？

我在擔任家長會長期間，會盡量早起在門口陪著校長一起迎接孩子們，看到惺忪睡眼的孩子背著大書包走進校門，卻還是高聲向我們道早安，或者是一句謝謝、一個鞠躬，一整天的元氣都是從這裡開始。

我曾經當場看到家長騎著摩托車上了人行道，讓雙載的孩子下車，導護志工以及老師上前宣導，希望他注意交通安全，看起來沒睡飽且煩躁的爸爸，大聲咆哮並且嗆聲你們憑什麼又不是警察，巴拉巴拉一串三字經，尷尬的孩子站在一旁。

後來，我們家長會出資請義交在路口做專業的指引，也拜訪轄區分局派出所，希望他們可以在上下學時間，安排交通警察在旁協助。上下午兩次，學校附近的嗶嗶嗶哨聲雖然刺耳，短暫的擁塞車陣人陣中，行人的安全是靠大家一起守護的。

在學校的時光，當然不會像童話故事般美好。

哥哥在二年級時，導師建議他以及班上其他幾位同學去參加資源班的測試。我看到通知，也不太清楚這是什麼競賽或考試，讓哥哥自己一關一關地去闖。最後一關口試，哥哥回來說考題早已忘記，他依稀記得老師問他：XXX是否構成離婚的事由？

我大為詫異，遂認真研究起來。

依據特殊教育法第一條「為使身心障礙及資賦優異之國民，均有接受適性教育之權利，充分發展身心潛能，培養健全人格，增進服務社會能力，特制定本法」。特殊教育法適用的對象是在普通教育情境中無法獲得適性教育，而需要特殊教育和相關服務措施協助的學生，這些學生依法分為身心障礙及資賦優異兩大類。

年紀跟我差不多的父母，應該還記得小時候學校有所謂的「啟智班」，將身心障礙的學生集中由特殊的老師照顧。年少不懂事的時候，還常常聽到「你是啟智班的嗎？」這句話用來羞辱罵人。

社會進步，大家終於瞭解，每個人的差異性都需要被尊重，國家必須公平地照顧每一個受教育的國民，當然也讓特殊狀況的人，可以接受更多的教養及協助。

那麼，到底何時才是辨識「孩子是否特殊」的時機呢？

之前雖有「早期鑑定、早期介入」之呼籲，但是比較偏屬於認知功能嚴重缺損之智能障礙學生，在某些家庭功能不佳或文化刺激不足因素影響下，恐有遲延就診之可能。現今則是以「隨時鑑定、隨時安置」來避免學生因安置不當徒然浪費適當學習與補救之時機。

「特殊教育學生及幼兒鑑定辦法」（民國一一四年八月一日生效，原名稱：身心障礙及資賦優異學生鑑定辦法），對於各種鑑定的程序、委員會的組成等等均有明確的規定。身心障礙學生及幼兒之教育需求評估，應包括健康狀況、感官功能、知覺動作、生活自理、認知、溝通、情緒、社會行為、領域（科目）學習等。資賦優異學生之教育需求評估，則包括認知或情意特質、社會適應、性向、專長領域（科目）學習等。

這些法令的修正調整，是一直持續進行的。也證明了教育應該要與時俱進，滾動式的配合社會近況。學生本人、家長或老師可以主動申請，亦可接受專家學者等推薦。經過一連串的專業評估及鑑輔會的鑑定，評定出這些需要特殊教育及相關服務措施協助的學生，所謂的「資源特殊生」。身心障礙部分，例如智能障礙，視覺、聽覺、語言、肢體障礙、情緒行為障礙、發展遲緩、自閉症以及多重障礙等。至於資賦優異部分，則有學術性向、藝術才能、創造能力、其他特殊才能（指在肢體動作、工具運用、資訊、棋藝、牌藝等能力）等等。

在哥哥小學時期，資源班的上課採取跳班模式，亦即，全校大約二十個資優生，十五個特殊生，平時散在各班，某些時段拉出來在資優班或資源班教室上課（公立學校的，當然是免費），上課內容大不相同，有些孩子是兩班的課都要上，所謂「雙重特殊生」。

是孩子開了我的世界的窗，接觸到更多不一樣的人。

當哥哥的「資源優異班」在做科學實驗、參觀天文台博物館時，另一群「資源班」孩子可能在上「感覺統合課」：有時候是在軟墊上翻身、有時候是投球接球，也有堆積木、手工藝創作等。有些孩子激動時撞牆、半天不說一句話、只吃一種食物絕不碰其他……但他們同時又對於各種植物、外太空知識瞭若指掌，或者武術耍劍十分準確俐落。

因為要跳班上課，這些學生通常都無法擔任班長或者其他幹部，當然也無法參加校隊球隊。也有的孩子是時間管理大師，既參加田徑隊、也擔任班長，平常的功課應付得當，資優班的作業實驗也都做好。

因為看到了這些多采多姿的獨特孩子，我在街頭看到躺在地上打滾或者尖叫不止的孩子，總會多一點點包容，盡量避免用譴責或責備的眼光看他們父母。

兩種學生的家長，都一樣辛苦。

校外教學時，跟班的家長們比較認真聽課做筆記，孩子只喜歡最後放風的十分鐘讓他們喊叫跑跳。學期末發表會，孩子表演、做簡報、團隊示範等等，家長全程錄影簡直就像是要去報名金馬獎最佳影片。

我自己盡量跟上這些特別的活動，感覺收穫很多。可是哥哥也曾經一度跟我說：我不想念資優班。

「為什麼？」我問。

「功課很多要寫，沒時間去玩。」偷懶的哥哥說。

「除了功課還有很多好玩的實驗、戶外教學啊！」我鼓勵。

「我自己跟班上同學玩就好。」玩的事情哥哥從不缺席。

「有機會多見識一點，也是好事。」我繼續找理由。

「我在班上數學考卷沒有一百分，就有同學酸：『咦你不是資優班的嗎？怎麼連這個也不會？』」哥哥終於說出原因。

這就是我最擔心的部分。差異化特殊化，在同儕的眼中，到底是好事還是會被針對呢？

妹妹二年級時，也被導師推薦去參加甄試，沒有通過。妹妹一派輕鬆無所謂的樣子，但是後來也在一番爭吵過程中，聽她說出真心話：「反正我就是沒有哥哥優秀。」

在我承辦的行政訴訟案件中，也遇到截然兩種不同的父母。

一種是：「我的孩子這麼優秀，得過奧林匹克什麼什麼獎，為何不讓他進入資優班就讀？」

另外一種是：「我孩子身體弱反應差，明顯跟不上進度，為什麼不讓他去資源班接受更多的照顧？」

這些父母對於鑑輔會的認定結果不服，循序提起訴願以及行政訴訟。我在法庭上，看到父母的殷殷期盼，回憶自己當初的對於教育資源的不甚瞭解，一邊學習當父母，一邊理解各種教育制度的運作。更可以理解的是，非常現實的，在考試取勝的競爭環節中，讓特殊的孩子可以加分、或者是循其他管道優先選擇學校，這些都無可厚非地蘊含在父母打這個訴訟的目的內。

大家都希望自己的孩子可以獲得最多的資源，在各項領域裡突出表現；若有落後或能力不足的現象，就希望提升至一般人的水準避免以後遭逢困境。苦心的爸媽，把歷年來得到的獎狀呈上法庭，或者是拿出一疊病歷資料叨叨念念孩子的疾病如何造成負擔，我往往會看著坐在爸媽身旁的孩子

（唉～其實沒有必要，何必讓孩子出庭呢？），心裡很多話想對孩子說，卻往往不知如何開口。

我不是教育專家，我更沒有心輔的專業，對於父母，再多的同理勸導，我沒把握觸及他們的內心。

下庭後，走在長廊裡，我總是默默思索，一路走來，教育我以及孩子的老師們，我總是誠心地感恩，就算當時彼此有一些埋怨或者求全之譭，但感謝老天，教育路上，能有貴人老師及同學相伴，多麼幸運又幸福。

教育是一輩子的事，國家在這件事情上，應該先全力投入資源，讓孩子們能適性發展，大家都在意起跑點的公平，誰都希望先達標（什麼標？第一志願？優渥年薪？功成名就？高官大位？），但是，允許每一個人都有他自轉的頻率吧，就像是宇宙中繁星點點，各自安好。有人可以不費力發明火箭馳騁宇宙，有人連自己進食、獨立行走都是一項卓越的成就，這世界誰來定義「正常」呢？地球上的人真的能理解外太空的每一顆星星嗎？

星星孩子、地球爸媽。

我們都是孩子的守護者，他們也是我們的領航者。

讓我們飛向宇宙、浩瀚無垠，組成一個最棒的總動員隊伍，一起經歷這難得的生命旅程吧！

貼心提醒

學校資源是給每一個小孩公平享用的，但國家也提供協助給特殊個性的學生，包含：身心障礙及資賦優異。需要專家評定及各種申請過程，請保持平常心協助孩子。

熱鬧繽紛的校園萬花筒

八爪章魚般的媽媽，想要把握每一個跟孩子相處的瞬間，卻也要兼顧工作、照顧長輩以及自我成長。法院每年都會發一本記錄庭期表以及值班日期的庭期簿，我就趁隙在這本子裡的三百六十五天，記載著哥哥妹妹的成長歷程，短短幾句話，少少幾個字，總是想辦法記錄每一個珍貴的吉光片羽。例如哥哥第一次發出類似「媽媽」聲音的時刻、妹妹初次在嬰兒床上站立起來的剎那，還有抓周抓到餅乾以及踩到英文字典，哥哥四個月時要撿石頭來幫他洗澡，石頭愈大膽子愈大。但是我沒想到在台北市的街道，要找到大石子是件困難的事，導致於哥哥現在膽子很小不敢看恐怖片（是要這種膽子幹嘛啦）。

這樣珍惜著怕忘記孩子的一點一滴，卻不知道，孩子們也用他的眼睛，將爸爸媽媽的樣子記錄下來。

妹妹小學二年級的寫作日記，有圖為證。

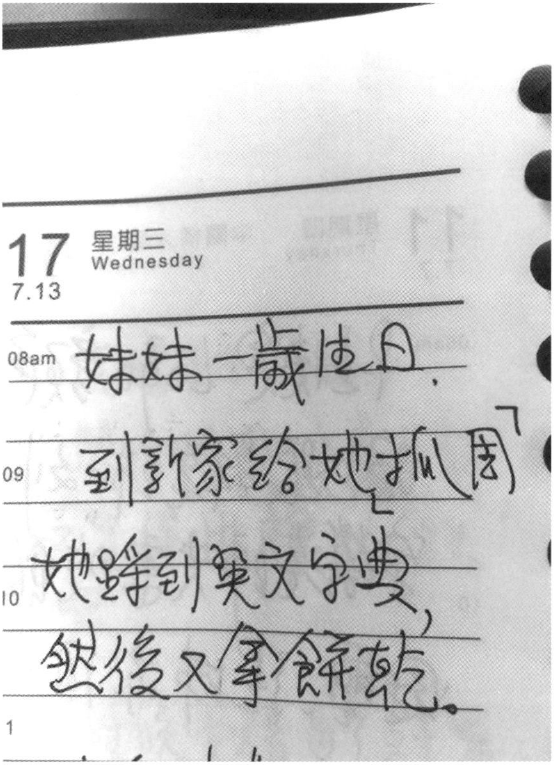

妹妹抓周日記圖。

妹妹畫的爸比。

傳給老黃看。他十萬火急地回應：「請循循善誘女兒，庭長與書方為弟之最愛，杜康不過聊以怡情也。至感！」

事實勝於雄辯，不是嗎？

經過爸爸極力爭取及澄清，女兒心目中的爸比終於改穿西裝打領帶、拿公事包了，不過髮型還是沒變。

「我的爸比」

我的爸比是律師，人很好，很有幽默感。自己開一個事務所。他跟媽咪一樣，開口閉口都是公事，假日都去加班，對哥哥期望很高。也跟媽咪一樣超愛黑色。

妹妹畫「修正後」的爸比。

那麼，妹妹心目中的媽媽是什麼樣子呢？

「我的媽咪」

我的媽咪是法官，很忙很忙，都沒時間陪我們。整天盯 IPHONE，可是她人很好，也常帶我們出去玩，去玩時她都在安排。她會煮飯、陪我們玩也會搞笑。她也會幫我們複習功課。

妹妹畫的媽咪。

原來，她眼中的我是大眼捲髮的絕世美女，我看到之後百般驚喜，柔聲問她：「媽媽很辛苦，妳都知道喔！我在家裡都要處理公事……」

不料妹妹馬上打斷：「媽媽，那是妳蹲馬桶時還在滑手機啦！」

（所以說，言教不如身教。講了幾百次請他們放下手機，自己卻是活生生的犯案者！）

當然，妹妹也有仔細觀察的時刻啦！例如這個，妹妹畫的八腳媽媽圖。雖不是千手觀音，她也忠實地描述眼中的媽媽：是 Taco 法官、是菱和勛的媽、是老公的 Chef、是老公的 GPS、是攝影師、是老婆、是舅舅們的小妹、是 Costco 採購員。

原來，媽媽身上的事情，就像妳在七星潭海邊堆疊的石塊，歪歪斜斜，太多太高，就快要倒了啊！不過，只要妹

妹每天晚上睡前，給我大大的擁抱，甜甜地說，媽咪晚安。媽咪的心情就會輕盈的像飛鳥、像海浪一樣。明天早上，絕對重新再開始！

至於哥哥，也不遑多讓，記錄著爸爸的「髮量圖」。

還記得哥哥三歲生日時，他看著蠟燭上的蛋糕，許下三個最甜蜜的心願：「我希望有樂高玩具、還要皮卡丘，還有，我要快點長大跟爸爸一樣變禿頭！」

原來他以為，男生長

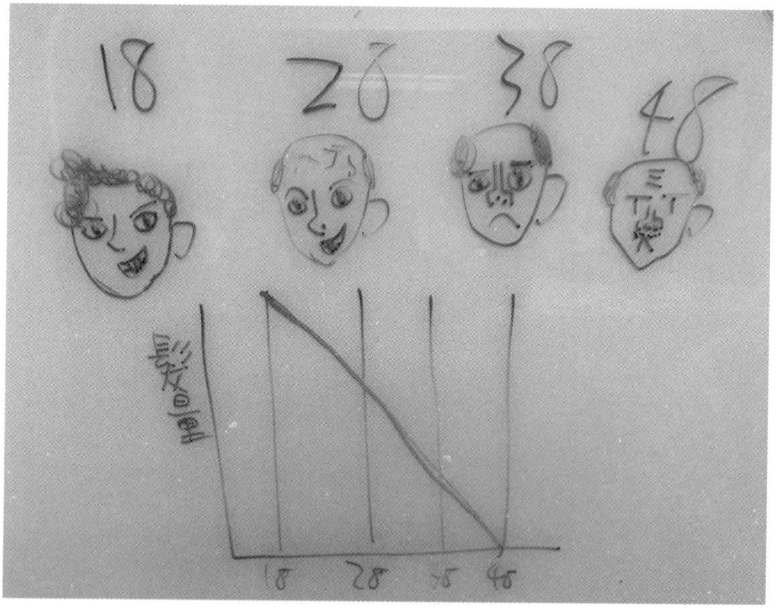

哥哥畫的「爸爸髮量圖」。

大都要變禿頭。當然，隨著他認識的男生愈來愈多，他也逐漸瞭解，韓劇男主角的首要條件就是烏黑蓬鬆隨著空氣飄動的美髮，尤其在對女主角告白的那一刻，一定會有微風將深情的雙眸前的瀏海吹開，絕不是當初他爸爸跟媽媽求婚的那些台詞。（在路邊蚵仔麵線攤上、加入辣椒一大匙之後的滿頭大汗下，一句：「我們就辦一辦吧？」）

下圖是妹妹眼中的家人。

妹妹畫的家人圖。

爸爸：一手酒、一手書。

媽媽：一手法槌、一手章魚玩偶。

哥哥：永遠翹起的頭髮、疼愛著摸著妹妹的頭。

妹妹：最可愛、最被保護的小女孩。

現在回想起孩子童言童語的時刻，真的感謝當初無論如何都要記錄下來的決心。尤其是，當他們青春期的叛逆白目衝撞，深深傷害父母玻璃心的時刻，我就是靠這些記錄，勉強安慰自己：他們也有可愛的時刻。像是賣火柴的少女，在冰冷的夜晚，一頁一頁燃燒這些美好的記憶。還好，在我被凍斃之前，哥哥妹妹就邁向另一個時期，有新的煩惱讓他們去關注，不再像隻獨角獸一樣戳進媽媽脆弱的心（媽媽也進入了堅強的更年期）。

小學時期孩子眼中的爸媽，是萬能的神，是軟綿綿的枕頭，是能立即抵達的消防車救護車，是力大無窮的超人。

爸爸媽媽則是看著離巢的幼兒，擔心又歡喜。所以，許多直升機爸媽，會在乍暖還寒時衝進教室，只為了親手將外套穿在孩子身上；也會藉著各種送東西的機會，在窗外頻頻招手提醒孩子要喝水；親師會時，更是留到最後一刻進教室要提醒老師：我的孩子會過敏請不要讓他擦黑板因為有粉末。園遊會時，站在油鍋前炸薯條的是媽媽，因為怕孩子被油濺到；運動會時，在場邊吶喊至失聲的是爸爸，恨不得自己下去幫忙跑大隊接力一棒。父母們是竭盡心力要跟著孩子一起度過童年，也是要喚回久違的自己嗎？

說到大隊接力，每年學校體育表演會，最精彩而且全場投入的就是最後一個節目：親師生接力大賽。

各個跑道的分配是有傳統的，最外線：已經畢業的學長姊。外二線：體育班校隊學生。然後依序是平常只在場邊吹哨比手畫腳的老師跟校長，最內線當然留給全體年紀加起來超過一千歲的家長們。

每隊二十個人，穿上號碼背心，綁鞋帶，扭腳踝，體弱多病的老殘家長們，裝模作樣拉筋伸展做好熱身動作。

第一棒家長會會長雖然拚命跑、看起來卻像在太空散步；第二跑道的校長左右為難，想要跟家長保持關係良好，卻又必須表現強人的那一面，跑兩步只好後退一步。教師們也不願意認輸，畢竟自己班的學生都在狂喊老師加油；校隊的孩子根本是火箭，直往前衝，畢業的學長姊個個腳上裝了風火輪。

不要挑剔我們這些家長的接棒程序，請私下偷偷嘲笑我們笨拙的姿勢，但是給我們最大的掌聲與鼓勵，耐心等待落後你們將近一圈的我們，慢慢奮力地跑向終點，用微笑迎接我們。

當然不可以搶道，即使如此，家長會那一隊還是可以整整落後一圈。編號二十的家長通常就會獨自一人在場上，接受全場的歡呼。

因為第一名的隊伍，可以獲得家長會捐出的獎金，足夠讓大家去飽餐一頓，孩子們開心，家長們高興。

至於競爭激烈的班級對抗賽，是玩真的，更是精彩。無論在場外還是場內，槍聲一響，全部沸騰的加油聲，可以讓人的心狂跳、喉嚨尖叫、頭皮發麻啊！

看孩子拚命的樣子，在場外的我，總會熱淚盈眶，大家都這麼拚命、認真，一棒傳遞一棒，全心全意專注在每一個步伐，有時超前、有時落後、更多並肩同行卻是要搶跑道。跌倒了，掉棒了，著急的惋惜聲，接下來的飲恨哭泣，或者是不甘願地在原地怒視著冠軍衝線的背影，其他班級歡樂的雀躍更凸顯自己班上的低氣壓，唉呀呀，運動場上的孩子們，你們真是最令人佩服的天使，讓我們這些大人們汗顏啊！我們永遠敞開雙臂，珍惜你們這些寶貝。生命太精彩，競賽太多，不用在意名次，不要急著爭奪冠軍，讓我們一起來，找到屬於你自己的第一名。

當然不是每一天都這樣和樂歡喜。

惡作劇拉椅子讓同學跌倒，網路上散布謠言說誰誰誰去書店偷東西被捕，下課時間球場上搶場地兩班同學開打，書包的零用錢被偷哭哭啼啼要老師幫忙找出來，戰鬥陀螺被別人的打爆憤而摔同學水壺，借同學的漫畫書拿回來卻變得破破爛爛，營養午餐吃不下任何青菜但有雞塊一定吃光光……

我們做爸媽的，清晨把孩子丟到學校，雙手拍拍（開心地）去上班，老師卻要一口氣承接二十幾位小搗蛋，各種突發狀況、衝突、意外隨時產生，教課、改作業、安排活動、排解糾紛，每一個老師都是千手觀音才足以應付。

志工爸媽，有時候確實是老師的好幫手。但是過度的干擾或者介入，其實也產生不少問題。例如聖誕節時，會有篤信佛教的父母不願意孩子拿糖果，但是晨間故事媽媽如果引用慈濟出版的書，也會讓基督徒爸媽反感；班上選舉模範生，會有家長質疑提名程序以及計票的正確性；如果要代表班上出去比賽，該選誰又是一個困擾，上台表演的C位應該誰站、戲劇男女主角誰有資格擔當，這些事情，都可以在家長群組內造成風暴，輕則互相叫囂之後協調落幕，重則互嗆要打1999邀請民意代表開記者會，或者乾脆上法庭見。

孩子們已經夠亂了，有時候家長也來幫倒忙。曾經有老師跟我抱怨，深夜接到家長電話，「老師你可不可以跟誰誰的媽媽講一聲，她孩子送給全班的生日禮物很危險。」憂心的媽媽提醒。

「什麼？危險物品？真的嗎？」老師被嚇醒了。

「對啊！他送大家每人一包文具用品，有便利貼、橡皮擦，還有一支釘書機。」

「那……是什麼危險？」老師不解。

「我兒子把釘書機拿來釘自己的肚皮，真是太危險了。」媽媽真是煩惱啊！

學校就是小型的社會，是孩子邁入世界的前哨站，所以發生在校園的事，一點也不稀奇。

學習是一種歷程，孩子們在學校生活的過程中，體會到友誼的意義，忍受很多無聊的校規，卻也在其中瞭解每個人的差異，找到自己的定位以及知心的朋友。每次學校的活動，在埋怨與喜悅交雜中，總會留下最深刻的回憶。

哥哥的畢業典禮，回想起這六年的點點滴滴，我當然是淚眼模糊、泣不成聲地致詞。

第二年，妹妹畢業典禮的時候，貼心的家長會志工，幫我準備一整包吸水性超強的衛生紙。我當然自己帶著一條大手帕，短短幾句話，卻是父母最真切的期盼與祝福。

孩子們，起飛吧！爸爸媽媽永遠是你的避風港，記得我們永遠都在。

貼心提醒

小學階段，首要注重健康，強壯體格，培養運動習慣，學習受挫折的能力以及合群的個性。通常三代同堂的機會很多，多多創造親子歡樂時光，儲存美好記憶，以迎接青春期風暴的來臨。

我家有孩初長成：矛盾衝突的中學時期

小學畢業前，接到補習班招攬私中考試課程的廣告，從小學六年級下學期開始上課。我大為驚駭，想在公立明星學校占缺要搶先設籍，連進入私立中學也要提前布局？

因為爸爸媽媽都沒有這樣的經驗，自己不懂又怕錯過了什麼，所以只能跟著其他熱心媽媽的建議，讓哥哥跟著同學報名私中考試，條件是考完之後可以讓他去打籃球看電影吃炸雞。哥哥一共參加四間私中的考試（天啊！），幸運地上了三間，一間候補。

拿到小學畢業證書之後，私立學校就來電了：「請趕快來報到，逾時不候。」一畢業證書當場就要繳交（扣留），另外一間學校則是要求立即購買貴森森的校服運動服等，不能退貨。也接到某間學校通知限時半小時內過去報到，因為還有人在現場等候補。

那段期間，我跟爸爸整天愁眉苦臉，餐桌上都在討論這個話題。問了很多朋友，經驗之談都很受用，但是自己的孩子到底適合哪種體制？哥哥自己也無法判斷，最大的誘因大概是同學去哪裡他也要去，因為打籃球有伴。

我們終究讓哥哥進入一間以升學率聞名的私中，特色就是聽說直升該校高中之後，醫學系保證班就在這裡。暑假期間先修課程，才一個禮拜，哥哥就哇哇叫。我想著因為從兒童玩耍階段要遁入考試地獄，也只能盡量輔導安慰他。

開學後的親師會，見識到了大家爭先恐後要擔任家長代表的盛況，前後左右的爸爸媽媽聊的都是哪一間補習班比較好，要不就是「哎呀好巧，市長獎頒獎那天我們坐隔壁」。我心中忐忑不安，這裡全是龍中龍、鳳中鳳，我們家哥哥可有喘息的空間？

念了半學期的七年級，週考月考加上每天的作業，哥哥回家都垂頭喪氣，再加上無止盡的抱怨。「A同學很機車，上課一直打斷老師問蠢問題。」「B同學整天在看色情頻道，還告訴我男人的精蟲數目有多少、女生輸卵管的長度……」「C同學考試都在作弊，跟D同學互抄。」「甲老師上課都在罵人，說：我看你們也考不上台大，就讓我這個台大畢業的告訴你們台大有多好。」「乙老師都只是一直唸答案，讓我想睡覺。」「丙老師對女生偏心，男生犯錯都處罰較重。」「學校福利社好小。」「操場根本不夠打球。」……

媽咪看著他扭曲猙獰不開心的臉，心想，不能再這樣下去了！

於是跟他商量後，下學期立即轉到公立學校。

開學一個月後，開始另一波的抱怨。「a同學很愚蠢，一直問重複的問題。」「b同學說，你想去一個有很多女生不穿胸罩的地方嗎？我帶你去～幼稚園！」「c同學整天在炫耀：這次月考，我比你多二十七分！」「X老師只會唸課本，讓我想睡覺。」「Y老師講得好慢，還遲延下課！」……

媽咪實在受不了，問他：你要不要想想，是不是你自己的問題？你看事情的角度和態度是不是導致你會這樣埋怨的最大原因？

私立與公立之糾結，不僅僅在於校園大小、設備優劣、同學素質、老師程度，還有更多的考量，讀私立的家長想避免孩子（被同學影響）變壞，擔心公立的老師不敢嚴管、放牛吃草怎麼辦，又被遊說私立直升高中部可以搶先預習大學學測的科目，或者是掛保證國際班一定可以申請到國外大學，同學個個都是達官貴人百大企業之第二代，人脈基礎先打下江山。但是挺公立說的那一派，認為孩子的健康成長比較重要，睡飽一點可以長高，學業部分就靠補習班來加強，想辦法進去人情班，至少導師的口碑可以信任。近幾年來的趨勢，私中似乎是績優股，家長付完學費便安心地等待收成。

兩派說法都有其依據，我無意陷入論戰，但自己養育哥哥妹妹的過程，確實就是遵守一個原則：「每個孩子都不一樣，找到最適合的方式」。

哥哥個性外向，不喜歡高壓統治或一言堂，耐性不足而且常常挑戰權威。有一天他回來，輕描淡寫地跟我說，有位老師上課總是罵人「你是智障嗎？」，同學課本忘了帶、問題答不出來，老師就丟下這一句。本來大家都默默承受，自顧自看書就好，那天他又罵哥哥的好夥伴「你是智障嗎？」，哥哥馬上回一句：「有智障的老師才有智障的學生！」

我聽了心中涼半截，想著明天等著接到導師或者學務處的電話。雖然我也不贊成老師亂罵人，只好跟他溝通：老師每天應付很多學生，有時候耐性不足就會脫口而出，應該不是惡意。媽媽也會……媽媽只有對你爸爸才會偶爾抱怨幾句（？），我在法庭上也盡量會謹守專業原則，口不出惡言，即使是當事人已經失控或者惡意，我也盡量不反擊。曾有一位濫訴成名的當事人開完庭後當面對我嗆聲：「妳是妓女生的嗎？妳媽媽是妓女嗎？全天下法官都是妓女生的。」第一時間我很訝異，沒想到這位頗有「名聲」的當事人會這樣恣意發言，下一刻我理解到，他是刻意挑釁且期待我們跟他對幹，這樣子他又有話題可以搶版面。所以我只請法警請他離開法庭，並且將他的發言記名筆錄。回到辦公室，我默默地跟我天上的老媽道歉，我不想誣衊她的名聲，但我認為我老媽也不會希望我浪費時間跟這種人糾纏，她一定希望我早點回家休息，把時間拿來看小說看漫畫都好過於跟這種人計較。

總之，哥哥回到公立國中之後，又跟許多老同學見面，適應上也沒問題。所以第二年妹妹要上七年級，我們乾脆不讓她去考私中了。可是妹妹比較隨性，開始追星之後對功課就很不在意，也不喜歡補習，常常說很累沒力氣，對媽媽開始叛逆回應，撒嬌抱抱都沒有了，曾經母女兩人互罵到淚眼相對，兩位男士在一旁也不知如何處理。

中學時期，更年期的媽媽遇上青少年叛逆期如獨角獸的孩子，交手之激烈堪比世界大戰，能夠解決這種問題的人，應該拿諾貝爾和平獎。

孩子的課業負擔真的不輕，英數理化社會每一科都要均衡，考試領導教學，所以斤斤計較每一題，因為高中會考的計分方式，差一題就會差一級分，比序的結果可能會差距好幾個學校……這些，遠比法條的適用以及契約條款的訂定更複雜，我跟爸爸都似懂非懂，只好交給學校導師，以及利用各種志工時刻，跟其他的媽媽交換意見。

難得在餐桌的和平時刻，我利用機會盡量跟孩子們聊，也會借他們的課本來看一下，畢竟以前我們讀國立編譯館的唯一版本，相對簡單一點，只要背熟青年十二守則就不會差太遠。現在的一綱多本，課綱必須素養提升、適性教學，環境資源公益永續國際化，我都不知道什麼是什麼之本了。

「我喜歡上歷史課。」哥哥說。

喔？真的？很棒啊！

「因為像在聽床邊故事。」哥哥塞進一口鮪魚壽司，口齒不清地說。

「是啊！你就知道媽咪在你小時候多麼用心、唸故事給你聽、讓你不會輸在起跑點……」媽咪應該領教育獎章啊！

「不是。是因為歷史課很好睡。老師一講課我就會睡著。」哥哥爆笑。

妹妹也不遑多讓。

「我在國文課的時候，覺得瀏海很長，就拿一把小剪刀，開始剪。」

「老師咳了一下。我剪刀放下來之後，老師說：『剛才怕吵到妳，剪壞了怎麼辦？現在可以了吧？』」妹妹嘻嘻笑著說。

天啊！妳在國文課上剪瀏海？那地理課的時候妳在幹嘛？

「睡覺啊！」妹妹不經思索回答。

國中（七年級至九年級）大部分採取男女合班，老師管理起來，有優點也有缺點。我當然希望孩子從小在正常的環境下，習慣社會上的性別差異，我自己高中是念女校，體育課在班上直接換衣服的方便，以及校園內很自然地撩起裙子搧風的動作，還好沒有養成習慣。不過，荷爾蒙發達的青少年，校園內隨時可嗅得的粉紅泡泡戀愛風、爭風吃醋或者初嚐禁果的事件當然也會發生，著實考驗著家長、老師與學生的三方智慧。

妹妹曾經被男同學取鬧，在午餐時被他們嘲笑：「妳這麼胖還吃這麼多？」；哥哥也曾經約女同學出來打籃球、對方的哥哥跟著來（監督）。幾乎每天都發生爭風吃醋的事件、謠言亂傳的事件，誰看誰不順眼的衝突；傍晚走出校門之後，女同學直接上了重機後座或者搭上跑車；畢業典禮時，轄區派出所的小隊長身穿警服在校園遊走，展現警力的積極度，讓我彷彿倒回六〇年代的國中校園。有家長到學校想帶走孩子，因為他們的離婚官司正在進行，監護權爭奪戰從法庭延伸到校園，孩子何辜？老師跟校長又應該如何處理？有孩子離家出走，爸媽得到校門口堵孩子，並且憤而向略誘他孩子的網友提告；有初嚐禁果的兩個孩子，既是被害人也是加害人，雙方家長若無法冷靜，見面又是一番激戰，到後來變成家長指責學校根本就是犯罪的溫床。

這些問題，不是公立學校獨有，我常常想，校園問題，就是社會問題。這些已經發生的問題，家長們更要隨時與學校合作，一起來面對解決。

學生自己呢？男生變粗獷的聲音、突出的喉節以及夜晚不聽話的褲襠，大家都講幹話交換欣賞黃色影片；女生開始在意臉上的痘痘以及隔壁班的男生，算準校隊的隊長經過走廊的時間，跟他要ＩＧ或者傳遞卡片；Threads

上面都在討論，哪個偶像團體要來了要如何搶見面會的票。

孩子們開始接觸這世界，各種眼花撩亂的人事物，每一種都是新奇、有趣且想嘗試看看的，朋友的重要性大過於任何事。在爸媽面前他們突然變成獨語族：回答的話不是「嗯」就是「啊」，爸媽看不到以前孩子崇拜的眼神，大部分只獲得一個白眼。房間關起來就是聖地，要見他們比見教宗難。想要用零用錢控制又怕他們走歪去外面借或搶或賣，不給手機難聯絡，給了手機就像是送他們往宇宙飛行，從此脫離地球軌道一去不返。

「媽咪！妳不要離我太遠!!」

這句話聽起來多麼令人心醉感動。

幼稚園時期，哥哥妹妹總是緊緊抓住我的衣腳，瑟瑟縮縮地不敢亂走，只要離開他們的視線，就哇哇大叫喊娘叫母，連上廁所都要跟我擠進同一間，母子間承受著這黏膩的甜蜜。

青春期的孩子，好不容易被我們勸（拉）出門，清明掃墓的大日子，爸爸堅持要他們同行，哥哥妹妹嘟著嘴不肯叫叔叔舅舅阿姨姑姑，無奈地拿香亂拜，鐵著臉一直問何時才可以回家。

然而，在我奔去停車場拿祭拜的物品，氣喘吁吁地回到靈骨塔旁時，哥哥妹妹氣急敗壞地衝出來大叫：「媽咪！妳不要離我太遠!!」我以為是想念、是擔心、是關懷，連這種短暫的離別都無法忍受。

不，不，不。

因為他們只能用我的網路。

網路是娘，是上帝，是無可取代的存在。我能夠分享給孩子的無價之寶，是網路吃到飽。

哥哥妹妹爾會跟我分享社團的事，妹妹說有些社團的學姊制很嚴格，見到學姊一定要鞠躬哈腰講學姊好，入團的新生訓練營還有「低頭閉眼」。

「是什麼？猜謎活動嗎？」媽媽很好奇。

「要乖乖地聽學姊的教訓，還要反省、自己承認錯誤。」妹妹說。

這這這……少年法庭的訓誡也不是這樣的啊！這是什麼奇怪的規矩？

校園內應該是互相鼓勵、幫忙，學習合作的模式，鍛鍊團隊精神以及迎接挑戰，對於比賽輸贏的結果，用更多寬容的心態去接受啊！

「怎麼可能？如果比賽沒有得名次，會被檢討，低頭閉眼的時間會更長。」妹妹說。

奇怪了，在家裡面媽媽講你們兩句都不行，到學校去被學姊欺凌教訓，還乖乖地承受。這樣一代壓迫一代，真的可以傳承社團的旨意嗎？會不會讓人退卻不敢加入呢？

「我們同屆的都會互相安慰，等到學妹進來，我們就可以變成罵人的學姊了。」妹妹說。

千萬不可以啊！己所不欲、勿施於人，這種道理難道不懂嗎？

說到高中的社團成果發表會，簡直是金馬獎奧斯卡獎規模在辦理，舞台燈光效果樣樣俱全，無論是熱舞、KPOP、啦啦隊、手語社……每個人無不全力投入，同學之間互相支援打氣，送飲料送花搖旗幟拉布條，我偷偷去看過在孩子們百貨公司廣場的表演，真的很熱鬧精彩。祖孫三代都出來加油捧場的很多，儼然是一場家族活動，但孩子最在意的還是同學朋友的情誼。

講到同學感情，中學校園內也是一場人際交往的試煉場。哥哥的兄弟情大都是在球場上締結，網路遊戲當然更是同仇敵愾，滿口黃腔或者起哄幫助同學追求校花，即使鎩羽而歸，也是互相鼓勵再繼續。

女生之間的感情，不由得說，有時候真的很微妙。一起追星跟著偶像團體跑的閨蜜，會因為轉變支持而分道揚鑣；本來一起上廁所的小團體也會漸漸分離，假日出去就故意不約某一人。

「你們會不會喜歡同一個男生，所以爭風吃醋？」媽咪還是以往老舊的觀念想法，不禁問一下現在的女生怎麼想？

「當然不會啊！誰要追誰或者跟誰在一起，講清楚就好。」妹妹在高中時期還很稚嫩，戀愛腦尚未成熟，沒發生過爭愛的悲劇。倒是妹妹無意中發現，她以為的好友居然在背後評判她，從講話的聲音到走路的姿勢，樣樣都被拿來講得很難聽。不只批評她，班上每一個同學都被這位好友按照座號評論，寢室關燈後，批鬥大會開始。

有人受不了，跑來跟妹妹告密。

剛好遇到期末考期間，妹妹告訴這位同學：「妳不用告訴我細節，我還要念書考試。而且我也不想知道。沒關係，我有我真正的朋友就好。那群講人家壞話的人，講過的壞話比腦中的知識還多。」

媽咪驚訝地說不出話來。

妹妹說：「如果她們講我的壞話可以讓她們感情更好的話，就讓她們講吧！」

媽咪快哭了。半白老嫗要向年輕女孩看齊，一輩子想不清楚的道理、執著難解的人情冷暖，都在這些雲淡風清的語句中得到答案。

媽媽現在的同學會，動不動就是三十、四十或五十重聚，同學之間的情誼，似乎在歲月的洗禮後，愈陳愈香。當初中學時期，怎麼會想到人生途徑上還會重逢？甚至成為一輩子的牽絆？或者，是再也不想回顧的一段傷痛呢？

很久以前，校園內發生「玻璃娃娃摔倒」事件。有位陳同學協助抱著患有先天性成骨不全症（俗稱玻璃娃娃）的顏姓同學去上課，因當時學校並未設置完備的無障礙設施，下雨造成樓梯地板濕滑，陳同學走路打滑，導致顏同學自樓梯上滑落，進而造成重傷及多處骨折，並於當日晚間不治死亡。

事件發生後，顏同學家長向陳同學及學校求償，法院一度曾判決陳同學和學校須連帶賠償三百三十萬餘元，引發社會對「好心是否也需量力而為」的爭論，樂於助人不是美德嗎？該如何對孩子講：自掃門前雪才是最妥善的模式？更有學校因此拒收其他的玻璃娃娃以及身心障礙的學生。

還好，經過理性的溝通後，學校與家長達成協議，共同設立身障生獎學金，並積極改善無障礙空間，避免再發生這種悲劇。顏姓少年的犧牲，喚起社會對身障生的權益重視，他真的是一位天使。

爸爸媽媽用自己的人生，換來一座兒童樂園，期待孩子永遠快樂無憂正向陽光，哪知道在青春期的時候，家裡以及校園變成令人膽戰心驚的侏羅紀公園，再多圍牆也擋不住狂躁的暴龍孩子。就像夏季來臨，無法預期什麼時候，孩子颱風會掃過來，等級也有強颱與輕颱之分，登陸時，父母親就像中央山脈，只能用堅挺的身軀迎接。但爸爸媽媽也是人，心靈偶爾也會像樹幹一樣折碎受傷，請千萬要好好保重自己。爸爸媽媽要有信心，想想自己以前也這樣惹怒過長輩（當然都會說我哪有，但老祖宗也不會從墳墓爬出來指責你），現在被孩子氣成這樣也是剛好而已（所以跟祖墳的風水一點都無關）。

季節嬗遞，突然有一天，風平浪靜。孩子會成長，身上的刀尖鋼毛褪去，像是從地底下蟄伏十八年的蟬，重生的他們，站上枝頭後唧唧的聲音彷佛天籟。爸爸媽媽發現，我們居然平安地越過了百慕達三角洲，不再有無法預測的颶風或海嘯，失靈的指南針都恢復正常。真正征服世界的日不落國帝王，正是所有經歷孩子青春期風暴之後，遍體鱗傷但仍然還活著的偉大爸媽們。

貼心提醒

中學時期的孩子，需要家長、老師們一起攜手，用寬容的態度承接他們未成熟的躁動。小心翼翼的爸爸媽媽，以及躍躍欲試的孩子，要彼此體諒，在不同的頻率與節奏之下，互相學習，互相勉勵，一起面對廣闊的世界。

進入大學的多元管道

在經歷過高中會考、大學學測、指考、參觀海外留學展、到處諮詢顧問的一連串過程之後，哥哥上了我的母系，妹妹去了英國倫敦。

哥哥一月份的學測失利，於是準備七月的指考。但是班上同學有一半已經通過那些繁瑣的學習歷程、小論文、口試等等申請過程，所以三月之後，偉大的入學制度將課堂劃出一道紅海，前半段在念書，後半段在彈琴、打遊戲、編畢業紀念冊、準備畢業舞會。學校很貼心地幫大家計算出足以畢業的最少上課時數，提醒學生請假的極限在哪裡。

請假？當然是請假去補習班或者回家念書，誰要在學校被干擾呢？這種奇怪的學測、指考（現在叫分科考）二分法，讓高中三年的教學過程很變形。高三開始，幾乎沒有人專心上課。學測的範圍是高一高二，那何必要念？學測過後已經收到大學分發通知的人，何必要聽課？繼續準備七月指考的學生，只好一心二用，既要複習也要追進度。我聽到不只一位理工科教授在抱怨：現在的大一新生，程度差到必須在暑假先開班幫他們補進度，否則接下來很難跟上大學的課程，可能是因為現在高中幾乎只念兩年半不到，寒假一月就考試，高三上的課程不在考試範圍內，許多底子都還沒打穩。

再說說私中的問題吧！許多私中鼓勵優秀的國中部學生直升本校高中，因為他們不斷勸說：在高二時就將學測課程教完了，所以可以在高三一開始就強力複習（更別提他們在國三就已經把高一的課拿來上，因為直升的緣故，國三的會考只是形式），所以大學入學考試，可以有更好的成績。許多家長也甘願如此，十二歲送進去、十八歲出來就考個好大學，這樣訂做一個好孩子，頗讓人心動。

跟著哥哥妹妹準備這些考試，其實我心中有許多怨言。翻開課本內容，豐富多元且都是最新最棒的知識，問題是，到最後孩子重複念的都是一些考古題、參考書、總整理。年輕新鮮的腦袋，為什麼不裝一些多樣化的知識、各國語言，或者騰一些空間讓他們發想做夢創新？而是一再重複考試內容、刷題目，練成答題機器以應付考試，跟我三十年、四十年前的讀書方式一模一樣？

我是幸運的，在考試的過程中，摸索到答題的方式以及技巧，甚至順利獲得工作得以翻身。所以學歷只有國小的爸爸媽媽非常以我為傲，但我總是有點不安且心虛，考卷上的題目我都會，但是出了社會才知道，真正可以順利生活，靠的幾乎都是讀書無法學到的技能以及經驗。許多有才華的人，在考場上或許失利，但他們的人生更精彩更豐富。

我跟所有的媽媽一樣，在孩子準備考試的過程中，想幫忙又無能為力（數學題目對我而言就是火星文）、公民科題目都讓我火冒三丈（哥哥後來也不問我了、因為有三十年審判經驗的行政法院法官居然答錯行政法的題目、而且還邊看邊罵人），哥哥的高中又以自由學風著稱，所以我們當然往補習班去找解藥。

哥哥原本不想去，後來學測失利，也只好勉強去總複習班。據他後來承認：補習班只是提供一個強迫自己念書的地方，還有，看看有無漂亮妹子可以搭訕。

哥哥說，醫科保證班的學生很多都是重考的，臉色蒼白，從早到晚，吃三個便當。如果在課堂上睡著了，會被老師叫起來站到前面去。最後兩個月的時間，哥哥每天早出晚歸，回家時，媽媽也只能幫他煮一碗泡麵加蛋，陪著在餐桌上聽他抱怨，然後打著哈欠以各種方式安撫他的情緒，編織美好的未來（上了大學就自由了，你可以做很多事，還可以交女朋友、打球、組樂團、選擇喜歡的課程、國外交換……）

然後，好不容易等到要進考場的日子了，結果因為新冠疫情，居然將指考日期延後一個月！

新聞出來時，我跟哥哥都痛苦地唉叫。天啊！趕快結束這一切吧！

總之，台灣的孩子面對考試，是一家人的事。以前假日必須回去看爺爺奶奶，家有考生，一切活動減到最低。過年元宵端午，別打擾孩子（但是紅包一樣拿）；清明祭祖阿公生日舅舅結婚，考生有權不出席；文昌帝君功名燈一路點，平安符御守掛滿書包，蔥（聰）蒜（算）包（子）粽（子）都要吃到。

哥哥考完指考那一天，丟掉書包徹夜狂歡，我自己也一樣，開著車子一路往南獨旅，在海邊吹風，到山上狂吼，睡飽吃飽，壓力解除。

所以，一年之後的妹妹，選擇要出國念書這條路，我雖然不捨，但擔心她應該無法應付這國內的升學之路，所以再三與她討論之後，確認妹妹的意願，可是我跟爸爸沒有出國念書的經驗，只好到處問人。去哪一國、什麼城市、要住學校還是找寄宿家庭？這才發現，周遭的朋友，很多給建議，但是沒有一個人保證哪一條路是最安穩的，也沒人可預測未來的路，既擔心孩子一出國就變外國人，又期盼他多一點國際經驗闖闖看也很好。

妹妹一路自己摸索，通過英文資格測試、填寫申請書、提交報告、線上面試，申請獎學金。直到她確定錄取倫敦的學校，找宿舍、訂機票、我陪她東市買濃湯、西市買胃藥、北市買原子筆、南市買化妝品（拜託國外還會少嗎？），妹妹要去的是人生地不熟的國家，相較於哥哥騎腳踏車上學，跟我們距離十萬八千里。我們全家一起送妹妹去，爸爸哥哥先回國，我一人留下幫她整理宿舍，我堅持直到開學第三天才返程。但妹妹早就提前兩天入住，並且非常堅定地告訴我：不用再去找她。我一人哭哭啼啼地搭地鐵去機場，淚水沒停過。空姊還以為我是被老公拋棄的可憐婦人，特地多給我一盒冰淇淋。

一年過後，哥哥說：很後悔沒有直接出國念書。妹妹說：早知道就留在國內。

貼心提醒

大學入學管道多元，父母要與兒女多方討論，學校老師都有經驗，也會循序指導。請多多幫助孩子發現自己的天賦與專長，協助其發現願意投入學習的科系領域。父母雖然看得夠多，但是世界發展腳步飛快，或許孩子可以走得比我們遠，請以寬懷的心胸接納孩子的選擇。

脫韁而去的迷惘大學生

哥哥終究成了我跟老黃的正統學弟，一家四口，百般滋味在心頭。

朋友親戚幾乎理所當然地恭喜：「接下來承接爸爸的事務所吧！」「跟媽媽一樣進法院吧！」這些話，聽在哥哥耳裡，往往濾去了祝福的意義，剩下惹他不快的部分，但是他總是很有禮貌地笑笑不回應，然後回家把壓力倒給我。

「我告訴妳喔！我沒有真的喜歡念法律系。」「我以後不見得要從事法律相關工作。」「我不知道可以念到畢業嗎？」這種話三不五時從他口中冒出來，當然都是在爸爸缺席的場合。

嚴父慈母的家庭環境裡，哥哥遇到爸爸，還是畢恭畢敬地回答：「有，我有上課。」然後接下爸爸給他的零用錢，立即躲入房間，避免過度的交談。

媽媽也只好撿起數十年前的回憶，跟哥哥溝通：「社團、功課、人際關係（包含愛情）是大學的三學分，記得要平均分配。」捫心自問：我自己有做到嗎？所以也只能盡量找時間跟哥哥妹妹聊天，想要知道他們的大學生活。加班過後的深夜，我剛回家，哥哥也一樣。母子兩人不顧健康，在吃消夜。

哥哥說：「我覺得上大學沒有比高中好玩。」

我狼吞虎嚥剩下的菜，一邊問他為什麼？

「高中一群人在教室，脫光上衣唱歌，運動會在操場上唱珍珠美人魚，上課睡覺，連線打電動……每一件事都很讓我快樂。」

現在呢？不是更自由了嗎？

「沒認識幾個人。各自選課沒有固定的班，球隊練球還比較常見到同學。我想加入大社團，可是又覺得小小的鋼琴社也不錯。我十天前才剛認識的女生，現在居然就已經宣布有男朋友了！」哥哥抱怨，「法律系的人到底都在幹嘛？」

在幹嘛？耍廢、迷惘、適應、學習啊！你就是高中太自由了，現在沒察覺到自由的空氣多麼可貴。

「上週五是制服日。一群人集合在圖書館前面，校友會的學長買麥當勞來給我們吃。然後大家一起唱校歌，一定要兩遍。」哥哥說。

我們以前都沒有制服日，媽咪只聽過一些男生朋友說過制服店……啊以後再告訴你制服店跟便服店的差別。

大一新鮮人，幾乎都在「被」迎新：新生盃球賽、卡拉OK賽、烹飪大賽……多元又有趣的活動真不少。

「你到底選了什麼課？」畢竟是法律系，爸爸也想聽聽正經的部分。

「問學長姊啊！就選不點名、開書考、不當人、很營養的課。」大學裡，學長姊的話是聖旨，PPT網站上的留言串是聖經。我曾經審理過一位學生惡意在網路上貼文，直接具體說某位老師的課很爛，總是遲到早退，都在唸課本也不會教，兩次點名不到就死當，全班被當三分之一等等等。

但是某老師根本沒有這樣的事，被指述的那學期也只當了一位學生（就是他），這學生雖承認是他發文，但是不認錯，在學校教官勸說下，兩百一十八天過後才把這一篇貼文下架，但是不願意跟老師道歉。老師不得已，只好採取法律途徑。孩子被判了誹謗罪定讞（拘役十天，得易科罰金），老師提出民事損害賠償，請求父母與孩子連帶賠償兩百一十八元（當時的民法規定二十歲成年，所以父母仍負連帶責任）。

「為什麼是兩百一十八元？」哥哥問。

老師希望他記得，這放在網路上兩百一十八天的文章，如何傷害了老師的教學熱誠，而且讓學生自己付出了代價，連父母都要賠上。

「這學生有感受到老師的誠意嗎？他後來有道歉嗎？」哥哥想知道答案。

「沒有。學生以及父母沒有一個人出庭。」媽媽說，「老師拿著手機裡的簡訊給我看，是學生前一天傳給他的：『某老師：你到底夠了沒？我爸爸說，我們出庭的來回計程車費加起來都比這個多，如果你要錢，自己來我們家拿吧！爸爸準備兩千元給你。』」

孩子們十八歲了，大學校園裡面都是成年人，但是，校規與法規，到底哪一項應該優先適用呢？

教育的過程中，我們總希望給孩子學習的機會，容許他們思慮不周造成的小錯誤或者些微跨界，所以學校有許多輔導措施、申訴管道或者求助資源，採取協助的角色，幫忙孩子漸漸納入社會，學習如何與他人保持最適宜的距離，並非直接用一般殘酷的社會現實規矩在教訓學生。

學生們可以體會到自己的「特權」嗎？在通過折磨人的國家考試過後，彷彿什麼都可以做，什麼都想嘗試，以前辛苦熬夜念書，上了大學就拋開所有的禁忌，父母的話拋開，師長的叮嚀丟掉，展翅高飛的同時，他們真的知道「成年」的意義嗎？

例如，不當追求：面對愛情的初體驗，以為死纏爛打就是真心的表現，每天訊息一百通、捧著禮物鮮花在門口守候不管是幾點、到處打聽行程緊隨著、沒獲得回應就開始放話賤人甚至誣賴編造不實傳言，跟蹤騷擾防制法明文規定不可以做的事，全套上場。

還有，不明目的到處募款：為了社團、愛心營隊、公益活動、園遊會發表會，到處去跟商家公司募款，財務不清楚，帳目沒交代，幹部之間互相推諉，到最後擺爛失蹤不出現，還沒有踏入社會就把信用弄爛，萬一遭到全面封鎖怎麼辦？

有學生提倡學校應該成立睡覺房、免得出去愛情賓館不安全又貴；舉辦戶外活動沒有規劃、該保的意外險沒有保、租借場地的契約不簽，明知去做詐騙車手還辯稱只是打工兼差，網路性電玩賭博愈做愈大，不遵守宿舍規矩，浴室出現四角獸，販賣電子菸的利潤高所以就跟同學一起合作，無照駕駛、不懂避孕，不上課不交報告，考試作弊抄襲論文、借錢不還生活失序……這些，都是大學生可能且遭遇的生活日常!!

爸爸媽媽別吃驚，並不是每個孩子都這樣。但千萬不要等到接獲學校通知你才驚覺：孩子已經變成我們所不認識的大人了。

其實，大學生也很徬徨，突然被釋出牢籠的鳥兒，在氣流中總會搖搖晃晃，不穩定的個性，迷惘的未來，手上滿滿的自由不知如何享用。以往只要照學校的課程表操作，軌道很清楚。現在很多事情要自己承受自己決定，到底要信任誰？聽誰的建議？

看到有人神采飛揚，到處認識朋友，天天活動滿滿邀約不斷，自己下課後卻不知往哪裡去，念的科系也不知道要做什麼，社團沒興趣，衣著打扮一點都不潮，路上沒人搭訕，課堂分組找不到同伴，一天講不到幾句話，愈來愈憂鬱，卻不知如何求助。

一些在大學任教的朋友告訴我，學校設有專門的心理輔導室，並且提醒學生，有需要時可以求助。該慶幸還是感嘆：幾乎預約都是滿滿滿。

每當校園發生意外輕生的遺憾事件，學生們的信箱都會立即收到學校的郵件，提醒大家要注意心靈的健康，適時求助。教授們都兼任學生的導師，希望讓孩子多個協助的管道、諮詢的對象，但是效果有限。孩子們面臨的各種問題，如果他們不說，父母也很難發現。何況離鄉背井的孩子，生活課業壓力一起傾盆而下，雖是成年的他們也不見得承受得住。別以為一路順利的資優生、看起來樂觀的領袖型人物絕對沒問題，他們心中的鬱悶，更是反差極大的痛苦。

因為聽到太多這種事情，我真的無法像大家說的：孩子上大學就不用管了。所謂的「管」當然不用，但是親子之間的話題以及討論，反而應該增加。所以，美食是最好的誘惑（動機），也只好想盡辦法賄賂、製造情境，在看似平常的氣氛中，好好瞭解孩子的想法。

哥哥學校發生廁所偷拍事件，我問哥哥有何看法？

「可惡！我常常去用這間耶！」哥哥的反應也太直接。

任何事件，只要一貫上「居然是大學生做的」，社會氛圍就開始檢討，教育部到考試制度到大學校長都該出來反省一番，檢討多年了，只有更琳琅滿目的事件讓大家繼續跌破眼鏡。

「虐貓的學生被退學，你覺得呢？」媽媽繼續提問，「販賣電子菸、大麻的行為呢？」「一直推銷產品把同學當下線？」「竊取宿舍財物？」「網路上誣捏事實誹謗同學？」……

「媽媽，夠了，妳怎麼都在講這些，我們大學生有這麼壞嗎？」哥哥受不了。

我不是說你們壞，而是好奇，到底該如何讓大學生知道，自我負責的意義是什麼，自己承擔得起所做的事嗎？又該如何在成長的過程中，建立自信，接受挫折，以寬廣的視野面對未來呢？

大學校園已然是一個全面的真實社會，你們預先在此接受生命的多樣化挑戰，獲得成就感的同時也會被貶抑，克服難關的下一刻可能又是另一個考驗。你們準備好了嗎？

至於在國外求學的妹妹，媽媽更是心疼加上愧疚，不僅無法天天照顧她的飲食起居，鞭長莫及的媽媽在妹妹打電話唉叫胃痛頭痛時，幾乎只能求神拜佛，希望所有的神明穿越時空幫我顯現神蹟。孤寂的夜裡趕報告，遭受種族歧視的不愉快，應付鐵路罷工、多變的天氣以及嚇人的高價生活費，連剪頭髮都要回台灣寒暑假才捨得（花媽媽的錢）上美容院，宿舍鑰匙掉了可沒有二十四小時的便利超商可以去，總會發生治安事件讓大家神經緊繃。

我們家的妹妹，基本上報憂不報喜。她挑選想講的講，IG也封鎖媽媽，只讓哥哥知道她的一切。無論何時她來電，再怎麼樣都得接起，畢竟她願意施捨一些資訊，媽媽全面接收還得感謝。

朋友勸我：「與其她整天哭哭啼啼跟妳抱怨，不如她自自在在得心應手沒空理妳。」

想想也是。我自己念大學時，怎麼會有美國時間跟我爸媽講那些社團、朋友、戀愛、功課。

妹妹在一年的適應期過後，總算也開始分享一些感觸。

妹妹念的科系，是我跟爸爸這種老人不會懂的，我們之間存在著「數位鴻溝」，尤其是全家出遊時，哥哥跟妹妹使用手機查地圖、買車票、訂旅館餐廳，我跟爸爸晾在一旁，偶爾向他們求救手機使用方法的時候，孩子忍不住抱怨：「功能太好的手機給你們用真是浪費！」此時我們也只能默默戴起老花眼鏡，心中暗唸：「最好你們都不會老！」

哥哥過完二十歲生日，收到公文，這才知道台北市有一個單位叫做兵役局。

家有男生，直至這一刻才充分理解憲法第二十條：「人民有依法律服兵役之義務。」真不知道我的媽媽當初收到三個哥哥的兵單的感覺是什麼？我的小孩，原來是國家的啊？在填寫「役男兵籍調查」時，需要註明他的專長。我看了看，除了「外語」（看國外影集）、「資訊工程」（就是打電動）之外，我的兒子是完全無用之人哪！不會醫護、不會理髮、廚藝恐怖、爆破（他常常一秒惹媽媽生氣算不算？）、板金工電器工？他只會拼樂高算不算呢？

為母的心情……

真有一天要送我的孩子上戰場嗎？為什麼我們這些長輩成年人，奮鬥吃苦這麼多年，世世代代熬過艱難的日子，不就是要給下一代（以及未來幾十代）一個和平安全的環境嗎？當我們化成灰塵，放入泥土內滋養樹根、灑入浪間隨波盪漾之際，難道不希望他們正快樂地活著嗎？

當我看到錯誤的政策、頹喪的人心氛圍、沒有前途沒有遠景的胡亂政策、浪費公帑的無效行政、沒有與世界接軌的胸懷眼際、只在乎權勢交接分贓利益的鬥爭、愈來愈沒有格調的內鬨……我只會生氣。生氣我的孩子為什麼要承受這些！生氣為什麼沒用的我無力改變這些！

「媽媽，生氣會長皺紋。」妹妹的話提醒了我。

妹妹念完大學要不要回來？哥哥是不是要出國念書？一個一個階段，爸爸媽媽好像總有操不完的心。已經脫韁而去的大學生，可記得身上繫有爸媽的一條絲線？微弱，卻又緊緊不放，期待有所回應，卻又怕干擾拖累。如果站上我們的肩膀可以看得更遠，爸爸媽媽永遠願意挺起胸膛讓你們靠。放手卻不放心，難道這就是父母的宿命？

貼心提醒

民法刑法都已經規定十八歲是成年，責任與義務都需自負。大學生在校園被記過、退學，都可以提出申訴及救濟，但是若違失行為涉及刑事法律，或者民事損害賠償以及違約責任，仍須自行負責。法治教育從校園開始，永不嫌遲。父母子女都應與時俱進，瞭解最新的法律常識。

輯二

在校園啓蒙
親師心聲甘苦談

親師之間的接力賽

哥哥妹妹國小畢業典禮前，有一週的空檔，學校費盡心思安排各種活動，家長會當然要無條件協助，出錢又出力。

出錢，就是準備畢業禮物，USB、小音箱、小書包、筆記本、環保袋，既要好用又要有紀念價值。孩子們不在乎獎項大小，最喜歡拿到的就是3C產品。

出力，當然就是免費的演講。

我演講對象的年齡層範圍很廣，但是一口氣面對二十個班、五百個十二歲的小孩，在悶熱的大禮堂內，題目又是枯燥的法律，應該如何讓他們保持三分鐘以上的注意力呢？

當然要拜託老師幫忙。

在我介紹立法司法行政三權分立制度，以及少年事件法的適用年齡等規定，學生們開始昏昏欲睡之際，突然一位老師從講台右側跑進來，後面另一位老師拿著棍子追趕，兩人揮舞互鬥彷彿葉問電影的情節（是有點差距啦），然後再加入兩位勸架的老師，一陣混亂之後，全部跑下台，從後門溜走，消失不見。

孩子突然驚醒，詫異著為何老師們會上演孫悟空大鬧仙界這齣戲，而且竟敢在法官面前犯案？

「小朋友，現在你們都是偵探金田一，請大家幫忙辦案。剛才被打的老師穿什麼顏色衣服？打人的老師有沒有戴眼鏡？是拿掃把還是拖把？勸架的老師有加入打人的行列嗎？到底是誰在動手？」

爭先恐後的小福爾摩斯們，每個人都把手舉高高搶著要回答。

然後，不一樣的答案出現了，有人說老師有戴眼鏡，有人說沒有，這一班說老師穿藍色上衣，那一班說老師披著黑色夾克，這邊說拿掃把、那邊變成球棒，嘰嘰喳喳熱鬧一陣子，我就好整以暇地打開保溫杯，「站高山看馬相踢」，慢慢喝水等著。

「小朋友，眼睛看到的，一定是真的嗎？突然發生的事件，正挑戰著你的注意力與觀察力。」我清清喉嚨，展示一張法庭照片，開始說明法庭的座位及設施、法袍顏色的意義，讓他們理解：檢察官偵查起訴刑事案件、法官負責審理、律師辯護的角色及職責何在，再提到傷害罪案件應如何提出告訴，民事損害賠償的要件有哪些。當然有獎徵答也是必須的，一根棒棒糖、一顆巧克力都好，答對者還可以自我介紹三十秒，孩子們的表現欲獲得滿足，我再把讚美的話用到極致，請大家拍拍手。

最後請演出的老師現身，全場給予掌聲，並且一一驗證剛才的答案，這時候就要提醒孩子們：很多事情發生在一瞬間，誤認錯認是常有的事，萬一被傳喚當證人，要據實陳述，不可以說謊。如果我只是講述證人在法庭具結的規定、偽證罪的處罰條文，學生們大概不用半天就忘了，但是跟老師聯手合作演出這一齣戲外戲，孩子們應該會永遠記得：小學畢業前，親眼目睹電視新聞播出的真實案件，是怎麼一回事，所衍生的法律程序，又該如何進行。

大家或許不知道，侏羅紀公園是可以免費參觀的。學校老師可以帶孩子去法院學習，只要事先預約，法院會派專責的人員導領介紹，若剛好有空的法庭，也會放置法袍在現場，讓孩子COSPLAY一下各個角色，模擬一下法庭運作的過程，小學生到大學生，每一個階段都適合去逛法院。我在法院開庭時，旁聽席常常會湧進一群學生，他們好奇又專注的眼神，散發的光芒往往讓我感動。或許有人認為，孩子真的懂多少呢？但我們願意盡力去做，第一步就是讓孩子們理解，生活中處處跟法律相關，每當青少年誤觸法網的事件發生，總是讓人遺憾，如果可以事先提醒，讓快要走歪的孩子被一條線攔住，或許人生就不一樣。這一條細細的線，需要置入孩子的心，絕不是用威嚇方式使其恐懼，而是明白地讓他理解：自由的界線，就是我不侵犯他人，他人也不侵犯我。法律作為一種社會運作的遊戲規則，大家都遵守的結果就是，大家都安全。

我曾經將法庭帶上山。

偏鄉地區的孩子，想要拜訪城市多麼不方便，我的表弟平日樂善好施，常常捐出課桌椅及設備給需要的學校，有一次我們將復興鄉裡鄰近四個學校的孩子集合在一起（有些學校全體學生也不過十來個），在操場上，我將桌椅排成法庭的樣子，座位上擺著名牌，誠徵學生來擔任各個職務：藍色法袍的法官、紫色法袍的檢察官，黑白色法袍的律師，以及法警、通譯、庭務員、書記官等等。

結果，大家競相搶著要擔任的角色居然是……

被告，因為可以上手銬。

法警，因為喊起立敬禮大家都要聽他的。

書記官，因為可以一直打電腦。

山上法庭的刑事案件，我請兩位校長，放下身段，假裝互相罵對方後提告，然後到法庭接受兒童法官公正不阿的審判，過程充滿了智慧與歡樂。

「你為什麼要罵他？」法官問。

「他嘲笑我，我生氣。」被告校長回答。

「可是你先比出不好的動作讓他不開心啊！」檢察官隨棍打上。

「不要管他說什麼啦！去找其他的同學打球就好了啊！」辯護律師忍不住跳下來表示意見。

最後在法官的建議下，雙方互相道歉鞠躬，和解成立撤回告訴，握握手，結案。

接下來則是學生提告老師：為什麼下課只有十分鐘？為什麼不把上下課時間交換，大家才可以打完整場籃球。孩子們認真陳述，老師無奈答辯，傳訊校長當證人，還有家長也來參加訴訟表示意見。樹梢的鳥兒也在唱和，陽光普照風和日麗，山上小學的法庭課，就在一陣笑鬧但是嚴格執行法定程序的情況下，圓滿落幕。

孩子在童年期間的主要任務，就是玩，大人們苦口婆心勸諭他們，只要認真讀書就可以通過考試、進大公司、賺錢，孩子還看不到這麼遠大的藍圖；師長一再叮嚀不可以越界踩線犯規，他們左耳進右耳出，「叫警察來抓你」這句話已經沒什麼恐嚇效力，孩子比你懂何時該講「請拿出搜索票」（課本有教，電視也有演）。AI時代，如果孩子的注意力太容易被截斷，老師和家長們要一起努力將「說理」與「現實」連結在一起，牽著孩子的手親自去探測水溫。讓孩子覺得是自己學到的，自己發現的，他們才會記住，才會心甘情願發自內心地說：「我知道了。」

父母將孩子送進老師的班上，莘莘學子同在一條船上，身為掌舵者的老師，應如何堅定方向？該如何守護各有特色及個性的學生？如何在規矩紀律與適性發展之間取得平衡？如何讓學生在踏入真實的人間之前，有機會找到自己的天賦與定位？家長除了在岸邊吶喊加油之外，更要與老師合作，大家目標相同，齊心協力。

校園裡的樹木，年年長高，教室的課桌椅依然留在原地，小主人們來來去去，孩子成長遠颺，身為掌舵者的老師，一直都在，既是點燈者，也是擺渡人。

貼心提醒

少年事件處理法的適用年齡是十二歲以上十八歲未滿之人，少年有觸犯刑罰法律之行為者，或者有下列情形之一，而認有保障其健全自我成長之必要者，少年法院依法處理：（一）無正當理由經常攜帶危險器械。（二）有施用毒品或迷幻物品之行為而尚未觸犯刑罰法律。

（三）有預備犯罪或犯罪未遂而為法所不罰之行為。

學生在校園內之違規行為，需先檢視校規如何處理，如果已經涉及到刑事處罰的程度，一定要通知家長，萬萬不可依一般刑事程序貿然發動告訴與偵查的手段。老師的責任是教學，不要馬上跳進去擔任檢察官或是警察。學校也需建立完善的制度，協助教學現場採取因應措施。

過與不及的管教權

現在許多事情都可以外包：蔬果魚肉、柴米油鹽、家務清理、水電修繕，隨叫隨到的餐點與各種物品，幾乎都可以讓人代勞，只要家中坐，萬物皆可來。

相信所有的爸爸媽媽，都希望有一個神奇的機器，孩子生下來之後，放進去，就可以照我們希望的樣子組裝，成為既獨立自主、健康樂觀，又具備孝順博學的功能，值得讓我們在外人面前謙虛又驕傲地說「沒什麼啦！我也都沒在教」的孩子。

尤其是，孩子愈來愈大，植物還可以換盆養，孩子卻不聽使喚，此時，「學校」彷彿就是父母的救星，是那部期待的萬能機器，是優良學生的訂製所。所以，即使父母有民法賦予的「保護及教養」義務及「懲戒權」，我們都十分願意雙手交出這些，外包給老師，順便奉上一根藤條，或者一大桶糖果，希望老師發揮專長，只要教出資優模範生，爸爸媽媽絕對願意在婚禮上讓大座給老師。

是這樣嗎？

我國民法第一〇八四條第二項規定「父母對於未成年之子女，有保護及教養之權利義務」，第一〇八五條規定「父母得於必要範圍內懲戒其子女」，其中「懲戒」二字在實務上常遭誤用，或作為對未成年子女為身心暴力行為之藉口，行政院在二〇二四年十一月二十八日審查通過「民法第一〇八五條修正草案」，規定「父母保護及教養未成年子女，應考量子女之年齡及發展程度，尊重子女之人格，不得對子女為身心暴力行為」，以闡明父母行使教養權之原則，並避免混淆懲戒與教養的概念內涵，宣示父母對未成年子女之保護教養，應尊重其人格發展，禁止對未成年子女為身心暴力行為，以符合兒童權利公約第十九條規定及相關一般性意見之意旨。

以往一度認為：在校園裡，老師懲戒或管教孩子的權限，是來自父母的委託或賦予代理權，如果民法條文修正通過施行之後，教師的管教權就受限制了嗎？教師聯盟曾發表聲明，認為現行法律對懲戒權的規範已有清晰標準，沒有必要修改民法第一〇八五條。也有團體引述曾於二〇〇三年間進行的問卷調查，超過七成的家長反對修改懲戒權，擔心管教權被削弱，將使親職教育陷入更大的困境。

以往法院對於父母過度行使懲戒權的案例，大多以「是否傷害身心健康」為判斷依據，就好比「校園內不得體罰」這句口號已經不用再宣傳，因為教師們多已理解，身體上的不當懲罰，是嚴重違反教師專業以及倫理規範，甚至會發生被懲戒、停聘、解聘的結果。那麼，「父母不得體罰孩子」這件事，政府有好好宣傳嗎？父母能體會到管教措施的界線與方式嗎？如果教育部有頒布「教師輔導與管教學生辦法注意事項」指引教師們如何對學生給予適當的正向管教措施，那麼父母是否有得到政府相對應的支持與協助？

兒童及少年福利與權益保障法裡，明確地規定政府應施行保護兒少的措施，衛福部與教育部，應該持續建立親職教育資源，在各縣市的家庭教育中心，也有提供親職教養的輔導與解惑，讓家長尋求諮詢與輔導。身處第一線的教師，如果發現家長的管教方式失衡，應該適度提醒他們向外求援，以保護學生，防止遺憾發生。可是，老師管的多，有些家長認為太過嚴格的規矩會扼殺孩子的創造力；老師太熱心，又會被懷疑是否有不當企圖；老師太放鬆，會被申訴教學不力；回家作業很多，某些家長認為可以讓孩子反覆練習很不錯，某些家長卻抱怨壓縮了孩子的睡眠遊戲時間；營養午餐勸孩子把青菜吃光，回家卻變成孩子投訴老師強迫他進食導致嘔吐；叮嚀孩子不要打手遊、早點睡覺、多喝水、多運動，這些父母叫不動孩子的事，理所當然希望老師要代勞；考試成績一定要提高、情緒問題要注意，是否遭同學霸凌、有沒有偷偷談戀愛、是不是交到壞朋友……這些全部都希望老師能做到。網路上有一篇老師的怨言描寫得最貼切：「老師成了『全能打雜』，我們不只是老師，還要當：諮商師、心理學家、父母角色、情緒支援系統。」

父母究竟希望孩子在校園學到什麼？教養孩子的工作可以外包嗎？只管升學成績就是績優的老師嗎？設下很多規矩就一定好嗎？放任學生自生自滅無所謂嗎？家長在要求老師的同時，是否也可以用同樣的標準捫心自問：如果是我，我能提供這些全面性的功能嗎？弔詭的是，民法第一〇八五條第一項規定「子女應孝敬父母」，這個條文從來沒人想修改或刪除，但是，有沒有可能後段加一句「學生應尊敬師長」？如果違反這條規定、法律效果是什麼？

當然，不適任的老師產生的問題，我在擔任家長會長的期間，以及在法庭上看到的案例還真不少。有些上課只放影片，連照課本唸的力氣都不願意出；有些消極怠惰，未認真備課；有些情緒無法控制，當場冷嘲熱諷學生或者爆怒動手；有些出缺勤不正常，課程常找人代理，遲到早退；有些成天寫檢舉信告狀同事校長，或者誹謗抹黑同仁；也有外遇感情糾纏、債務不清不楚的老師。不過，家長們的工作環境裡，這種事件還會少嗎？慣老闆或者怠惰員工，霸凌者以及憤世嫉俗者，哪一件不是活生生地出現在我們身邊。只是對象是老師，大家就要用最高的標準來檢視、來苛責、來指正嗎？反過來講，老師可不可以要求家長：不要只顧著工作不願花點時間陪小孩、在家裡少滑手機多看書、觀察孩子的轉變注意他的朋友、想辦法跟孩子敞開心胸聊天知道他們在想什麼、三字經粗話別講、賭博貪污賄賂的事情別做、感情世界單純一點……

老師是偵探，家長希望透過他可以及早發現校園內的犯罪，避免孩子惹禍上身；老師也是萬花筒，家長期待他可以讓孩子見識到多樣的世界；老師是減壓閥，是家長無法與孩子溝通時最好的橋梁；老師是維基百科，是CHATGPT，是導航儀器，是輔導室那座最柔軟的沙發，是救護車內身手最矯健的護理人員，是聖光普照的神明，是功德無量的大法師，老師應該是要佛光普照，霖澤恩賜給孩子。

有時候我想，老師只是一面鏡子，映照出爸爸媽媽的渴望：家長們希望自己有這樣神能，可以創造出一位品學兼優人見人愛的孩子。所以，在要求老師的同時，想想我們家長自己可有能耐做到這些？家長與老師是站在同一陣線的人，我們真正的目的是什麼？

為了孩子，為了愛。

愛的面貌呈現出來的樣子，是陪伴、是管教、是守護、是賜予，也是承受，生命既然來到我們面前，家長與老師就該共同負起責任與義務。老師與家長，是愛的兩面，孩子不用靠運氣擲銅板，都應該享有愛的全部。

貼心提醒

行政院在二〇二四年十一月二十八日審查通過「民法第一〇八五條父母懲戒權修正草案」，尚未通過修法。依教育基本法第八條第二項規定，教師輔導與管教學生，不得有體罰及霸凌學生之行為。教育部依教師法規定「學校訂定教師輔導與管教學生辦法注意事項」，目的在積極維護學生之學習權、受教育權、身體自主權及人格發展權，且維護校園安全與教學秩序。教師應本於教育理念，依據教育之專業知能與素養，透過正當、合理且符合教育目的之方式，達到積極正向協助、教育、輔導學生之目的。

老師是班級的掌舵手兼CEO

家長將孩子託付給學校之後，總是希望可以獲得即時的消息。開學的親師會，第一件事就是跟老師要電話、LINE、IG，再來是家長們群組一定要建立，隨時跟上話題免得錯過訊息。有些老師們講得很明白：老師也有下班時間，除非十萬火急，請尊重個人的家居生活，有些老師乾脆十點以後關機，掛出「本日營業時間已終止」告示。家長群組可熱鬧了，一個措施一個規定，總有不同的意見或者質疑，發言沸沸揚揚、百花爭放，有多少爭執都是由此而起。

老師「經營」班級的方法，是一門藝術，既要用管理學也需要心理學，當然遵守法律界線是基本底線。

老師可以搜書包嗎？可以裝設教室內專用攝影機嗎？可以用投票方式將

管理權限委託給班長及幹部嗎？可以鼓勵同學打小報告以掌控班級動向嗎？可以放學後私揪幾位同學去看電影逛書局以資鼓勵嗎？表演活動的C位主角，應該選誰？模範生孝親楷模的產生方式是要推舉還是投票？要不要再多買幾份測驗卷加強考試能力？園遊會應該賣炒泡麵還是冰淇淋汽水？體表會前練習大隊接力導致遲延半小時放學、家長會不會抗議？高中會考前在校夜讀時間，家長可願意排班值班？準備科展老師利用假日指導、家長該不該付加班費？學生獲獎之後家長贈送感謝的禮物該不該收？生日當天家長們突然捧著二十吋的大蛋糕出現教室，到底要開心接受還是瘪臉拒絕？

每天發生在校園的事件，考驗著老師的專業、耐力與良心，教師面對的教學情境更為多元，需要在教學、輔導與管教之間取得平衡，同時還要維持良好的親師關係，簡直比行政院長還忙。家長們日理萬機，來自工作家庭親族友人的各種急迫事件都待處理，老師在學校也是面臨二十幾個（還有更多）活蹦亂跳狀況百出的學生；爸媽們簽寫聯絡簿很簡單，老師每天要看好幾十本的回應與意見，如何能不引起誤會且達到溝通的效果？

教育不是單打獨鬥，而是需要家長、老師和學生三方合作。如今更強調溝通、尊重、合宜管理及適時輔導，老師能把班級帶好，簡直就是全能的企業總裁與執行長。

我還記得小學時候班上發生竊盜事件，零用錢被偷走的同學哭到快暈倒，導師的作法是：請全班閉起眼睛，知道誰是小偷的人舉起手來，然後，每人發一張紙條，寫下你認為的小偷是誰。

現在哪一位老師敢這樣做？

有些家長建議：在教室裝錄影機，可以監控並避免竊盜事件，並且在親師會以舉手或書面表決方式，全面同意並授權老師，熱心的家長還會親自去採買高品質的攝錄影設備，尤其班上若有行為舉止較不受控的孩子，肢體的接觸可能造成傷害，為了釐清彼此責任，家長更是希望讓證據說話，免得事後爭執。

老師們在遇到這種情況時，請記得掌握住基本的底線，並且明白告知家長：「綜合目前的實務見解，在教室裝設監視或錄影設備來側錄師生的上課內容，形同持續監看、監聽、蒐集學生的生活隱私，違反教育基本法，不但無法培養學生法治觀念，反而呈現對他人基本權利的不尊重，是侵犯隱私權的行為，即使得到家長的同意，也無法作為側錄行為的正當依據。」

校園是學習與生活的環境，不是監獄或看守所，學生彼此要練習與不同類型的人相處，老師也要面對各種孩子，如果一味地採取軍事化的管理或者嚴密的監控，目的是要避免自己的責任或者留存證據以指控他人，用這樣的心態度過校園時光，不免令人感到悲哀。家長可以想想：自己工作的場合，背後或頭頂有一隻監視器代替老闆的眼睛，你有何感受？萬萬不可以因為學生未成年，錯用方式保護而踩到法律底線。

老師在教學現場第一線，如果觀察到疑似有犯罪行為時，又該如何處理呢？例如，學生似乎在從事賭博行為，販賣仿冒品，或者擔任車手運送毒品及詐騙金，甚至兩小無猜戀愛互約到賓館初嚐禁果，老師該何時介入？應如何阻止學生觸犯刑事法規呢？

不得不再次強調：老師是老師，萬萬不可將自己當成警察或檢察官。

回歸到「學校訂定教師輔導與管教學生辦法注意事項」，對於校園安全檢查之限制已規定明確：「為維護校園安全，學校發現或接獲檢舉、通報有下列各款情形之一者，得對學生身體、其隨身攜帶之私人物品（如書包、手提包等）或專屬學生私人管領之空間（如抽屜、上鎖之置物櫃等），進行必要之校園安全檢查：（一）特定身分學生有危害他人生命、身體之虞。（二）前款以外學生涉嫌犯罪或攜帶槍砲、彈藥、刀械及危害他人生命的危險物，或菸酒檳榔等違禁物品時，學務處應與校長、接獲通報之教職員工、導師或家長代表，以電子通訊或當面討論等方式進行緊急會商，認該生有危害他人生命、身體之虞者，應對該生進行檢查。」

校園安全檢查的方式以及時機，則在注意事項第三十點規定：「（一）必要之校園安全檢查：學校應指定二位以上人員進行檢查，並依被檢查學生意願，得由一至二位當時在校之學校教職員或學生陪同；他人生命、身體有遭受緊急危害之虞時，免除陪同人員。（二）對學生宿舍之定期或不定期檢查：大專校院進行檢查時，應有二位以上之住宿學生代表陪同；高級中等學校進行檢查時，應有二位以上住宿學生代表或學生家長代表陪同；國民中小學進行檢查時，則應有二位以上之學生家長代表陪同。學校指定人員進行前項第一款之檢查時，被檢查之學生本人希望在場時，應同意其在場。學校進行第一項之檢查時，應全程錄影，檢查結束後，應記錄檢查結果並保存；

學校及有權調閱或保管本點影像資料之人員，應負保密義務。」

注意事項的規定洋洋灑灑，簡直比刑事訴訟法還要詳盡，目的就在於維持校園的教育本質之虞，也要兼顧學生的隱私，以及學習受教權、身體自主權及人格發展權。學生有這麼多權利，記得，老師也有「管教權」與「輔導權」，而且，也是「義務」。在教師法的天秤上，學生的權利與老師的教養義務，應該要保持均衡。

曾經遇過老師善意勸誡學生，不要在學校搞幫派耍老大那一套，孩子回他：「我爸爸沒有念書，走在市場上每一攤都要向他繳保護費，他叫我好好鍛鍊身體，就不會被人欺負。」也有老師向我抱怨，在他協助校正模擬考題的時候，有同學大聲回話：「校門口那一條街的十間店面都是我家的，我只要收租金就好，幹嘛念書？」

爸爸媽媽請告訴我，老師該如何回答？

貼心提醒

老師的一般管教措施，規定在「學校訂定教師輔導與管教學生辦法注意事項」第二十三點，例如：口頭糾正、要求道歉或自省、靜坐或站立反省、適當增加作業等。至於強制措施，僅限於學生發生攻擊他人或自傷行為時，在第二十四點亦有明確指示，並且阻卻教師涉及的強制行為違法性。若情況急迫，依第二十七點，仍可移送警察或司法機關處理。

老師也是人：還我純淨的教學空間

師者，所以傳道、授業、解惑。

現代社會，這些功能好像都可以輕易被取代。傳道？各個影音平台、教會廟宇、心靈成長課程，到處都在傳述道理。授業？專業技藝方法、獨門妙招訣竅，高手盡在民間。解惑？ＡＩ人工智慧回答又快又好，誰不是第一時間想要問它？

那麼，校園內的老師，該如何定位自己呢？

老師常常處在尷尬的角色，左右為難。

離婚率屢創新高的現在，單親家庭已經不為奇，麻煩的是如果正在打離婚官司的家長，到學校來爭取老師支持或者嗆聲少管，該怎麼辦？

妹妹曾有同學想要到我們家吃除夕年夜飯，因為她說：「為了到誰家過年，爸爸媽媽都在吵，阿公阿嬤也加入戰局。」獨生女的她，在父母離婚後不知道該選哪一邊站，即使已經約定共同監護，逢年過節還是發生搶人事件。放學時段，校門口也常常上演所羅門王審理的案件：爸爸媽媽各拉著孩子的左右手，認為應該是自己有權利接孩子回自己的家，老師該怎麼辦？家長離婚官司中，傳訊老師當證人，要證明自己無役不與，親師會有到場、園遊會去幫忙，校外教學、發表會從不缺席，藉以爭取監護權，老師原本就不是公親，這下子成為事主？國際婚姻情況更是複雜，跨海爭人的官司涉及到國際管轄、兒童權利公約等，走法院訴訟途徑更上演到憲法法庭的層次，勞煩「大」法官們去解決「小小的」家庭問題，老師置身其中，又該如何？

總之，老師就是老師，切記自己的定位與功能，不該介入的千萬別涉入，校園與家庭畢竟是兩個場域，適度地保持距離，才不會角色錯亂。

但是，真的可以置之不理嗎？如果學生們身上瘀青受傷、精神委靡，甚至在聯絡本上表達灰色思想，或者直言求助，難道老師可以雙手一擺：不甘我的事？孩子受挫被侵害，孤立無援，如果家庭給予的是傷害而不是支持，學校的老師，正是他的救生艇，老師更有能力提供孩子必要的協助，責無旁貸。各式申訴專線、社會工作扶助機構，家庭暴力防治中心等，老師有義務把這些輔助支援系統提供給孩子，避免更大的憾事產生。

老師也會被欺負，而且是被學生欺負。

已經不只一次看到法院的判決：學生出言不遜辱罵老師，經制止不聽後變本加厲，老師只好告學生公然侮辱、誹謗罪，並且請求學生的父母要連帶負責民事的精神慰撫金賠償；當然更有學生出手攻擊老師、父母到學校討公道時順便也對老師動手動腳，互控傷害罪再來就是開記者會……在感嘆親師關係已經變質的時候，也要想想：師豈好訟也？難道不是已經踩踏到老師的底線了，誰會願意花時間在上法庭寫訴狀的鳥事上？在上法庭之前，協商調解的過程為何無法達成雙方和解的結果？

家長告老師的，當然不會少。

認為老師教學不力，缺乏專業，疏失管理班級事務，無法妥善解決學生糾紛，課業太多（或太少），情緒管理失控，上課提及的話題不宜（例如屢次談及自己的性生活經驗、或者對於特定黨派的評論）等等，這些都是屬於教學的範疇。最令人譴責的當然是利用權勢對孩子性騷擾、性侵，或是收受不當的賄賂利益，故意為不公平的評分，與家長間發展出不該有的情慾事件等等。

校園發生這些事件，必須依循法定處理程序，各種教評會、校評會、性平會的組成規定、調查流程、評議方法，作成決議後是否要向教育主管機構報備等等，校長都要大致掌握，學校人事單位適時也可尋求專業法律者諮詢，避免因為程序未熟悉而導致決議無效。實務上常見的情況包括：開會通知未寄到、出席人數不足、應迴避之人未迴避、表決權數計算錯誤、未給予當事人說明機會等等，老師更要隨時增進這方面的知識，為自己的權益發聲，爭取合法的陳述機會，以及瞭解申訴救濟的管道。

學校不僅需要教學的老師，也需要辦理行政事務、聯繫以及規劃教學活動的人才，往往敦請有經驗的老師擔任行政職。借調到總務科，就要瞭解學校各種硬體的維修、採購，清楚招標行為是否符合政府採購法？如何維持與廠商之間適當的距離，避免應酬或者收受禮物？到學務處服務的老師，就該知道1999陳情書的回覆函該怎麼寫？性平霸凌案件該如何啟動程序？教務處的業務當然不只各種教學指引的研發，特色學校該如何申請、各種補助獎勵參與比賽，全部都要管。這些都沒有在教育學院修習的課程中學到，老師該如何從頭學起？雖然擔任行政職可以多多歷練，但是工時拉長報酬又不見得增加，動不動就會擔心是否違反公務人員法、公務人員申報財產規則，難怪近幾年各層級校園都在苦喊「行政離職潮」，沒有人願意在繁忙的教學工作之外，還要兼任各項行政職（組長、主任等等）。

學校應該讓擔任行政職的老師有機會去學習相關的專業，積極鼓勵並且給予獎勵。在承辦各種業務的時候，建立可以延續使用的SOP手冊，若是涉及到各種專業需求（法律、會計、統計或科技），應列入預算聘請專業人員參與協辦。校長日理萬機，經營學校要像經營一間上市櫃公司，組織要穩固，制度要透明，專業分工、妥善授權，每年股東大會（校慶）要展現公司的生命力，每季每月都要鼓勵員工，公平對待每一位堅守崗位的人，兒童節、青年節、教師節，都要積極對顧客群及股東（就是家長及學生）描述美好遠景，提出具體的作法。

老師也是人，血肉之身也有愛慾情仇。校隊出外比賽得名，獲得獎金或者家長會的捐獻，可以適當地回饋到帶隊教練以及老師身上嗎？老師任勞任怨，發揮專長為學校賣命，校慶活動時發想各種藝術作品或者聯名紀念小物，有沒有想過這個是屬於著作權的範圍？學校在收穫老師的創作成果時，有想過要簽署著作權契約嗎？

曾經有個案例，某教師設計供該校使用「學校願景圖像」，該圖樣所使用之字樣意涵，是利用學校課程規劃特色，屬於職務上完成之著作A。另外，為了中小學數位學習深耕計畫，教師為學校教學計畫製作著作簡報頁面，也是利用課程規劃特色予以設計，屬於職務上完成之著作B。該校校長與教務主任，為校務而利用這兩件著作A及B，教師不滿，因而對校長及主任提起違反著作權法的刑事告訴。

法院怎麼審理呢？

著作權可分為「著作人格權」與「著作財產權」。常見的著作人格權，包括姓名表示權，亦即作品應標註創作者的姓名；而著作財產權則涉及創作人在財產與經濟上的權益，例如，漫畫家的姓名屬於著作人格權，漫畫的內容則屬於著作財產權，而漫畫實體書籍則是所有權的範疇。所以當我們買一本漫畫時，實際上取得的是該書的所有權，而不是漫畫的內容或漫畫家的姓名。如果私自大量影印內容後提供給他人觀看，便侵犯了漫畫家的著作財產權；若擅自將漫畫家的姓名更改為自己，則是侵犯了漫畫家的著作人格權。

前面這個案例，法院判決認為，除非教師與學校之間另有約定，明確規定教師在「職務上」完成的著作應歸屬於學校（或教師）為「著作人」，否則根據著作權法第十一條的規定，教師於「職務上」所創作的作品，無論是主動創作或因學校指派而完成，不論是否有額外報酬或津貼，也不論是在學校工作時間內完成，或是下班後於家中完成，教師仍為該作品的「著作人」，享有「著作人格權」。教師於職務上所創作的內容，姓名標示權屬於教師，學校不得擅自更改。然而，創作後的成果（如簡報、教材等）的權利則歸屬於學校，學校在不更動教師姓名的前提下，可以加以運用。

也就是說，在僱傭關係下，學校依法擁有著作A、B的「著作財產權」，而校長與教務主任基於職務需求，使用並公開發表這些著作的行為，並未竄改創作者的姓名，符合著作權法第十五條第三項的規定。他們的使用方式，純粹是透過文字傳遞學校的正面訊息，並非為了個人營利，而是對外介紹與推廣學校的課程與特色，希望吸引更多資源與學生，進一步改善學童的學習環境，這樣的行為是出於行政職務相關，符合社會一般使用慣例，所以不能認為有侵犯著作人的權益或名譽之情形。

我比較好奇的是，這個案例為何會走上刑事告訴的局面？校長主任在委託老師幫忙創作的時候，有無好好溝通？事後在校務宣導的使用上，有無給予創作人應有的肯定？老師是想要爭取合理的報酬、還是單純要出一口氣？

教師的本質是教學、輔導，校園應該是如沐春風、純淨和諧的教學環境，每一位教職員工都重要，大家把心力放在教學本質上，讓學校成為親師生三贏的夢想地，教育孩子，人人有責。

貼心提醒

有關教師解聘、停聘等程序，可參考「高級中等以下學校教師解聘不續聘停聘或資遣辦法」。司法院憲法法庭一一一年憲判字第十一號判決意旨，亦闡示公立大學不予續聘教師之法律性質，公立高中以下學校，亦有適用餘地。

至於著作權法的規定，無論是教師的創作，或者是上課使用各種材料，請瞭解著作權法的合法使用範圍，可參考經濟部智慧財產局所「教師授課著作權錦囊」等資料。

假如我是真的：代理教師該往哪裡去？

因為擔任國小家長會會長，我必須出席許多校內會議，有一年暑假學校通知我，要參加一個代理教師的評選會議。

「代理教師？為什麼？」以我們這種首都蛋黃區的學校，怎麼還會有教師缺？

「有啊！」校長無奈地表示，「這已經是第三招了。」

啥米？

「因為正職教師有請假的情況，例如產假、病假等等，那些課程就需要學校聘任代課校師或代理教師暫時替補。」校長解釋，「第一階段招聘的是有合格教師證的老師，第二階段就是尚未領有合格教師證，但已經修畢師資職前教育課程的人，第三階段，僅要大學畢業學歷即可。」

我是真的大開眼界了，以前被視為鐵飯碗的教師工作，現在全國中小學掀起教師荒，從都會區到偏鄉無一倖免。各縣市教育局辦理教師甄選，實際報到後仍有大批缺額，有些學校招聘代課教師要到二、三十招才能補齊，偏鄉學校甚至整個學期都在找老師。

「可是我們常聽說流浪教師到處遊走全台灣，這是怎麼回事？」看到新聞報導，儲備老師們攜帶各種器材，演練模擬示範教學，千人應考爭取那少少的名額，錄取率低到不行。

「教師的養成之路並不容易，要成為一名正式教師，必須經過四道關卡。」校長說明，「首先，在大專校院修畢教育學程，再通過教師檢定考試，接著完成半年的學校實習後取得教師證，最後報考各縣市和學校舉行的教師甄試，通過後才能成為正式教師。」

根據教育部資料，師培生在取得教師證後，三年內有報考正式教師甄試的比例，從二〇一七年的百分之四十二・八降至二〇二三年的百分之三十一・二五，也就是有近七成以上儲備師資不願投入教職（取材自二〇二五年三月二日《聯合報》）。

「好不容易取得當老師的門票，為何還是不願意入行？」其實，我大約可以猜出原因。

為了配合課綱需全力備課、教師各項加給過低、行政繁重偏離教學專業、浮濫的校事會議、性平霸凌事件、家長申訴頻傳等，難怪讓很多老師產生「不如歸去」的念頭，也讓年輕師資卻步，猶豫考慮入行與否。

（司法工作遭遇的困境也是一樣啊！）

「正式教師、代理代課老師，一樣缺人。」校長回答，「年輕人為何不願意投入教職？簡單地講，就是工作尊嚴與薪資待遇兩大因素。」

我國中畢業參加高中考試時，全國的師範專科學校同時獨立舉行招生，作文簿上「我的志願」每一年我都寫：「我想當老師」，加上爸爸的故鄉在竹南，於是我便報考新竹師專。還記得爸爸開車載我去考場，考完之後的第一件事就是衝去城隍廟吃肉圓及貢丸湯（真是人為財死、鳥為食亡……）

當初師專生的優點真不少，學校免學費、供吃住、畢業後工作有保障，據說女老師也是婚姻市場上的排行榜第一名，或許媽媽觀察到了她女兒的個性頑劣，才情大過於美貌，所以當然鼓勵我去就讀師專，期待我取得終生幸福的保障。反骨的我似乎嗅到了一點師專學校內的保守氣味，綠色的高中制服也吸引著我，再加上之後還有師範大學可以考，還記得八月報到的那一天，在高速公路的入口處，往北讀高中或者南下念師專？「我要讀高中。」我明確地回答，爸爸方向盤一轉，便決定了我的求學之路。

愛教書的我，現在也利用公餘時間在大學兼課，依規定上課時間必須請自己的休假（奇怪的是，如果公務員要去進修念個碩博士，反而一星期有八個小時的公假可以請）。總之，兼課的老師，大都是為了人情為了理念而去，因為那微薄的課程鐘點費，請學生喝飲料都不夠。

但是，對許多流浪教師而言，在通過正式教師甄試之前，到學校暫時擔任代理（代課）老師，是無可奈何的暫時措施。總是期待有一天，通過甄試之後，可以合併這幾年代理的年資……

等一等，這可不是天上掉下來的當然道理，是靠許多教師不斷在法制上爭取才得到的。

因為師資荒，許多學校大量聘任代理教師的結果，現行合格代理教師的制度，已逐漸由初始的暫時性，轉變為常態性替代專任教師工作的情況。合格代理教師所承擔的教學責任及行政工作，與專任教師幾無差別。大家都羨慕老師有寒暑假，但卻常常聽到老師說：「都是利用寒暑假再來生病。」就是因為學期間若要請事病假，還得想辦法拜託人情請其他老師代課、或自費付出代課費用找代理（代課）老師補課，無論是代理或者專任，老師就是老師，是教學現場不能缺席的唯一角色，既然講台上的老師都是真的，這些具有教師證的代理老師，一旦甄試合格，有些縣市的規定卻是不可計入這幾年的年資，這樣，真的符合平等原則嗎？

許多老師意識到這個問題，提出行政救濟，直至聲請司法院大法官解釋，二〇一二年的釋字七〇七號，便揭示了教師制度的最高原則，憲法第一六五條明文規定：國家應保障教育工作者之生活，並依國民經濟之進展，隨時提高其待遇。教師的待遇是「涉及公共利益之重大事項」，因此應該要用法律或法律明確授權的命令來規範，因為教育是國家發展的根基，教師工作攸關教育成敗，間接影響人民受教權，保障生活讓教師能安心致力於教育工作，提升教育品質，是國家依循法制應該踐行的任務（註一）。

原本代理教師的敘薪是由各縣市政府規定，讓各縣市自己規定代理教師待遇，但這是地方自治事項嗎？經費多寡以及員額控管的狀況不一，各縣市可有遵循憲法所保障的平等原則以及法律保留原則？

憲法法庭在二〇二四年八月九日作成一一三年憲判字第七號判決，其中闡述的理由，明白地剖析教師法以及教師待遇條例的適用，應符合憲法規定：「合格代理教師之職前年資不予採計提敘，不僅嚴重影響合格代理教師之待遇，與憲法第一六五條要求國家保障教育工作者生活之意旨有違，且可能致使財政較不寬裕之縣（市）傾向以合格代理教師取代專任教師，悖離教師法應以進用專任教師為常態之精神。」

「合格代理教師之職前年資應否採計，不僅涉及合格代理教師財產權與工作權之保障，亦已屬涉及全國性公共利益而應以全國一致性標準予以規範之重大事項。教育部未就此事項訂定具體規範，而透過發布相關辦法、函釋授權，形成默許地方行政機關因地制宜，就合格代理教師職前年資採計與否有另行立法之權，於此範圍內，相關規定及函釋違反憲法第一〇八條第一項第四款規定，教育制度相關事項，應由中央立法之意旨，亦即違反中央與地方之權限分配原則。」

也就是說，中小學合格代理教師之職前年資提敘事項具全國一致性，應由中央立法統一規定，立法者於教師待遇條例中，考量長期合格代理教師與專任教師之工作內容、聘任程序及待遇支給方式相當，「與專任教師性質相近，對教育著有貢獻」，認長期代理教師之職前年資與成為專任教師後所累積之年資，可予以等同評價。

憲法法院的裁判書確認：「教育部由各縣市政府自行制定補充規定、對合格代理教師職前年資不予敘薪」應屬違憲，相關法令一年內教育部必須重新修正。未來全國各縣市有教師證的合格代理教師，都有機會享有職前年資提敘，不再因換一所學校，年資必須全部重頭算起，教育部也已經修改相關的規定以及函示（註二），確實保障具合格資格的代理教師權益。

全國代理暨代課教師產業工會理事長黃湘仙曾語重心長地說：「這個社會常有人問，為什麼缺老師？我比較想問，這個社會拿什麼要大家投入教育呢？」

種樹的人從來就不是為了自己馬上遮蔭乘涼，而是在化為塵土之後，讓後代的人享受青山綠水及乾淨空氣，這樣沒有投資效率、無法領取報酬的行為，卻是世世代代傳遞教育使命的真諦。這重擔，不應該讓校園的老師一個人背負，這是所有人都該投入的接力賽，教育部應正視儲備師資報考教師甄選比例逐年降低的現況，檢討師資培育機制及代理教師制度，保障教師聘任的安定性，這是國家為人民謀福利之首要任務。

註一：一九九五年制定公布教師法二十條（現在是三十六條）、一九九九年制定公布教育基本法第八條，明定教師待遇「應以法律」定之，到了二〇一二年釋字七〇七號出來時，都還沒有完成教師待遇的法律制定，在此之前均依照「公立學校教職員敘薪辦法」來敘薪。「教師待遇條例」於二〇一五年公布施行。

註二：教育部二〇二五年三月十九日公布「高級中等以下學校兼任代課及代理教師聘任辦法」部分條文草案，依憲法法庭一一三年憲判字第七號判決意旨，保障具合格教師資格之代理教師在職前年資提敘面向獲與專任教師同等待遇，擬具代理教師聘任辦法部分條文修正草案，增訂具合格教師資格之代理教師採計職前年資之提敘規定。預計於二〇二五年八月一日完成修訂、視情況上路，辦法發布後全國各縣市必須將代理教師職前年資納入敘薪，代理教師敘薪一國多制亂象即走入歷史。

貼心提醒

高中以下教師養成制度主要規定在師資培育法，這部法律在二〇一七年大幅修正，並自二〇一八年陸續施行，因此舊制跟新制已截然不同，須特別注意。

有關教師取得資格、正式教師以及代理代課教師的差別，請參考下列法律百科所製作的簡易表格。

高中以下的教師該具備哪些資格？

	正式教師	兼任教師	代理教師	代課教師
具備資格	要有教師證書 ↓ 通過教師徵選 教師法 §5、10	**原則** 要有教師證書 **例外** 如要聘任藝術才能班，可以聘不具教師證的藝術專長校外人士 聘任辦法 §3 I、II	依照以下順序公開甄選 ① 有教師證書 ② 修畢師資職前教育學程 ③ 有大學學歷 也就是學校可能聘請通過師資培育但不具教師證的教師，或甚至不具教師證也沒有修習師資培育課程的大學畢業生 聘任辦法 §3 III	

* 聘任辦法 = 高級中等以下學校兼任代課及代理教師聘任辦法

法律百科 Legispedia

資料來源：Yen 繪圖，〈高中以下的學校如何甄選教師？〉，摘自 https://www.legis-pedia.com/article/labor-work/927

沒通過教檢、教甄就不能教書嗎？

若具備大學學歷，即使沒通過教檢、甚至沒上過教程，仍有機會成為「代課教師」或「代理教師」。

	代課教師	代理教師
工時	以「課」為單位，有課再去就好，不用全程待在學校 *聘任辦法 §2②	即使有空堂也要在學校待命 聘任辦法 §2③
收入	領鐘點費（時薪） 聘任辦法 §16Ⅰ①	領月薪 聘任辦法 §16Ⅰ②
聘期	通常較短（例如 1~2 周）	通常較長（例如數個月 ~1 年）

*聘任辦法：高級中等以下學校兼任代課及代理教師聘任辦法

法律百科
Legispedia

資料來源：Yen 繪圖，〈沒通過教檢、教甄就不能教書嗎？〉，摘自 https://www.legis-pedia.com/article/labor-work/1070

伴讀人生：孩子功課誰來管？

「這一條路，走得好累，累了以後，還有一些後悔……」收音機傳來懷舊歌曲，輕快曲調裡的歌詞，聽起來怎麼像是在傾訴父母的心聲？

哥哥妹妹在校園裡的十二年，我無時無刻不在迷惘中。一直擔心自己當初選擇學校的決定會不會誤了他們一生，在埋怨挑剔僵化的制度同時，看著另一條自學方案路上的學生，又有誰可以斷定說這一條路比較好？

所有的父母，都希望孩子「好」，但教育又不是買股票，眼光一定準確保證業績長紅嗎？教育這條路，始終是親師生一起並行的旅程，彼此在適應環境的同時，也考驗著互信的關係。

小學時期，我看著妹妹的數學成績，不禁想：「是不是該送補習班？還是請家教？」月考期末考前，妹妹還在好整以暇地捏黏土畫娃娃屋，我也會忍不住殺風景地提醒：「該複習了吧？」老神在在的哥哥，考前一天翻開鋼琴蓋，彈著他喜愛的動漫主題曲，我跟爸爸交換一個眼神，假意稱讚他幾句之後，也會多嘴一聲：「考試的科目都念完了嗎？」唉！想要破壞親子關係，立馬生效。

苦心的爸爸媽媽，恨不得可以向小叮噹買一條記憶土司，跟孩子一起吃下肚，或者是學魔法獲得分身通靈體，還是乾脆套上一條隱形披風，跟孩子一起在考場答題。以考試（科舉）作為出人頭地的方式，自古皆然。學校老師總是會翻出考古題讓學生練習，測驗卷帶回家要爸媽簽名，我自我節制不要指著分數問哥哥：「少了兩分這是怎麼回事？」（心裡卻想：資優生又怎樣？一樣粗心大意）我也會調整呼吸，勉強牽動嘴角後摸摸妹妹的頭，說：「好棒好棒，再做對兩題就有六十分了。」（數學不好是基因遺傳嗎？我只能怪我自己）父母的責任，包括陪孩子念書嗎？要拿著橡皮擦在旁邊盯著，寫錯一個字就擦掉重來一次？還是忍著職業婦女下班後瞌睡的眼皮，一題一題陪他們算雞兔同籠到底誰幾隻腳？

孩子的爸爸一開始就舉手投降：他不會教，他也沒耐心教。不用他講我早就知道，忙碌的他回到家已經三更半夜，所有的話語都已經在白天講光了，筋疲力竭的律師根本不想再對客戶以外的人開口，但身為母親的我，真的能放手嗎？所以我開始考慮將功課外包，讓專業的來。

我鼓勵他們去補習班，「同學一起去，還有點心可以吃，功課寫完老師會幫忙校正，回到家就可以專心玩了。」自己掰的理由也很心虛。

「我才不要！」哥哥妹妹非常抗拒補習班。

從一個籠子換到另一個更小的籠子，屬馬跟屬猴的他們怎麼可能？補習班的晚餐都是便當，又不能配電視吃，家裡可以打赤腳穿內褲，有時候還可以騙阿公阿嬤老人家說要去買橡皮擦，然後順便大肆搜刮玩具糖果回家，孩子們比誰都精明。

眼看著孩子的成績真的不行，我堅持要請家教，孩子勉強答應後，該我們傷腦筋了，請大學生？也不知道有無經驗，請退休老師？好像又會太慈悲為懷無法緊迫盯人。

大家會說：「爸爸媽媽都很會考試，自己教嘛！」

可能嗎？我曾經看過妹妹的國小國語考卷，不只一次氣得火冒三丈。且看這國語科考卷：

、選出正確的答案(每答2分)
(4)「希望他能早日向肥胖告別。」
是①譬喻②呼告③設問④轉化修辭
(3)「我喜歡上國語課、更喜歡上體育
課」是運用了①譬喻 ②層遞
③設問④轉化 修辭。
(4)美麗的花朵。「美麗的」屬於①名
詞②動詞③副詞④形容詞。

2)13鄭愁予的《錯誤》：「我達達的馬蹄是
美麗的錯誤。」句中「美麗的錯誤」採
用映襯的修辭技巧，下列哪一句不是運
用「映襯」修辭？(①千里江陵一日還
②像旋風一樣趕去上班③原本以為你會
罵我，但是，你完全沒有生氣，反而對
我說：「夕陽斜斜射在林子裡好漂亮喔！
④有運動家風度的人，寧可有光明的失
敗，絕不要不榮譽的成功！)

「達達的馬蹄」，是我們從小念到大的詩句，但我可從來不知道這是「映襯」或是「呼告」還是「對偶」，我只知道，當我走在石板道上，腳步聲與馬蹄聲交錯而過的剎那，此詩句就會浮上心頭，身旁有人無人都無妨，這是我跟作者的私密對話，也是穿越時空的心靈互動。若有相同年紀相仿背景的人在身旁，你一句我一句，微笑就會泛上嘴角（然後就被騙了進入婚姻，一轉眼三十年……），果然是美麗的錯誤啊！

文字不僅是上天給的禮物，也是文化與歷史的最大遺產。學語文的目的或功能，不就是在溝通、欣賞、交流，打開經典名著的密碼、感受人類文化的美好嗎？讓人有共鳴、有想像，文學就是感覺的事，無論將來要當科學家、醫生、會計師、工程師、歌者、畫家或廚師，生命融通其中的，就是「好奇心」，一種想要弄清世事，探詢更遠之處的意志。文字，是辨識世界的路徑方法。

當孩子們念著國文課本，必須要謹記哪一段文字是映襯、對偶、呼告、譬喻……以及更多更多詭異的祕笈咒語般的修辭學，不知道他們還有沒有餘力去體會文字的靈魂，閱讀的奇妙，與古人對談交流的美好經驗？讀小說散文詩詞，需要這些修辭術語來幫助我嗎？浸淫在文學的美妙想像天地裡，這些論理分析可以讓我飛得更遠嗎？

依稀記得我的學生時代，一拿到新的國文課本，馬上迫不及待地從頭翻到最後，有拗口的古文、順暢流利的現代散文、平仄對仗的詩詞、還有摘錄自經典小說的章節……開開心心地把它讀完，然後依循著作者的名字，再去讀其他的作品。我從其中認識了李白杜甫李商隱，還有羅家倫徐志摩，那個調皮搗蛋的吳承恩是不是養隻猴子才會讓他想出這些驚奇的《西遊記》大冒險？還有手捻白鬚的羅貫中一定有在城牆上來回踱步的經驗，才會想出空城計的妙招……這些文化體驗，是透過閱讀才會慢慢滲入肌底留在腦海的。我沒有學過那些專有堆砌的修辭學，但我現在隨手拿一本書，總可以透過文字和作者找到共鳴。這些國語考試的出題方式，到底在引領教育小孩什麼？我們希望他們擁有的，是鑑賞的能力、遍覽世界的動力、接受繽紛多變事物的心胸和勇氣，而不是堆積一些無用又掃興的工具啊！

作家張大春也曾經發表過高見：「的確，寫文章和懂得如何寫文章是些許不同的事。看懂了食譜，未必能下廚；瞭解機械原理，未必能開車。明明要鍛鍊的是下廚的能力，卻讓你反覆強記八大刀法之切塊、滾刀、切片、切花、切條、切絲、切丁與切末之定義。或者，明明要鍛鍊的是開車的能力，卻讓你不斷背誦引擎四行程循環的吸氣、壓縮、點火、排氣之定義。」

「這些個譬喻法、感嘆法、設問法、摹寫法、轉化法、誇飾法、映襯法、借代法、倒反法、雙關法、呼告法、引用法、對偶法、排比法、層遞法、類疊法、頂真法、倒裝法、回文法、象徵法……究竟有什麼用處？這個問題，可以轉化成兩個問題來看——如果不學修辭分類，是不是就不會寫文章了呢？或者，如果不學修辭分類，是不是就不會懂得如何寫文章了呢？」

在我看來，題目的水準不夠，這不全然是出題者的問題。在通過考試來篩選志願順序的制度沒有改變之前，這樣的考題就會繼續存在。不信？看看哥哥的高中社會公民科考題，他可是拿著考卷來請教我這個法律專家。

小華一家五口住在某市一棟老舊公寓裡，某日市政府將小華家公寓劃入住宅都市更新案的範圍，並且核定建商對該地區所提出來的都市更新計畫案，准予實施。小華一家人如不服市政府的核定，希望進行救濟，其救濟途徑的屬性與下列何者最相似？

(A) 私立學校學生接到學校以掛號信通知其遭到退學
(B) 公立學校學生認為老師不當體罰造成其身心受傷
(C) 公立學校校方通知文具供應廠商將解除買賣契約

(D)私立學校教師收到學校通知下學期不再繼續聘用

好不容易看完題目，我思考太多，覺得每個選項都不完整，遲遲無法回答，跟哥哥抱怨：「這題目出的不夠好啊！」哥哥嗆聲：「哈哈哈，行政法院的法官不會回答行政法題目。」我惱羞成怒，丟下考卷：「你自己去讀，不要問我。」

忍不住跟其他朋友抱怨，以為那些直友、諒友、多聞友會安慰我，誰知損友們居然回我：「這就是台灣教育的進步：英文科考題，美國人會答錯；國文科考題，原作者會答錯；數學科考題，理工科的教授會答錯；現在……公民科法律常識的考題，法官會答錯！」

孩子們現在練習的考題範圍，早就呈現了社會的各種態樣。我翻開學測指考的題庫，這些題目讓我的白眼都翻到外太空去了。

（一〇九年社會科學測）某國政府頒布新法令，以為防杜假新聞擾亂社會秩序為由，規定凡於媒體散布不實訊息者，將由行政主管機關逕行審訊裁罰。此舉引發大量民眾走上街頭，要求政府撤回此侵害人權法案。雖經警察強力鎮壓，民眾未散，甚至逐漸形成團體，持續組織動員，規劃不同抗爭行動以呼籲民眾捍衛人權、推翻該法案。該國某些媒體在報導此事件時，不斷強調「大規模抗議行動，已癱瘓該國經濟，行動引發的混亂，更造成龐大社會成本，令人憂心不已」。從媒體識讀角度，檢視題文中所述之媒體報導內容與方向，下列詮釋何者最適當？

(A) 媒體報導未能善盡查證責任，僅一味隨著輿論起舞
(B) 報導內容譁眾取寵，僅追求收視率但忽略社會責任
(C) 新聞編製者持特定立場，導致新聞僅傳遞部分訊息
(D) 媒體能對社會事件進行批判分析，有效實現公共性

解答：(C)

不夠厭世嗎？再來一題如何？

（一〇五社會科學測第六題）我國《地方制度法》對於行政層級的劃

分和所轄的次級地方組織，都有詳細的規定。下列有關「桃園市大園區」與「台東縣池上鄉」之敘述，何者正確？

(A)前者為市府派出單位，後者為地方自治團
(B)二者皆為縣級行政單位所轄的次級地方組織
(C)前者之首長為區長，後者之首長為鄉長，均由選舉產生
(D)前者設區民代表會，後者設鄉民代表會，二者皆為立法機關

答案呢？答案在茫茫的風中。

這就是孩子準備考試所需要讀的內容，每天要刷的考古題、補習班講義以及複習卷，年年都會增加考題變形記。各位爸爸媽媽，你們還有把握自己來教嗎？當你覺得職場工作繁雜灰心無力時，要不要來做一做社會科的大學考題？（當然其他科也可以嘗試看看。）

做完之後，你會悲喜交加。喜的是：慶幸自己已經不需要再寫這種考卷了。悲的是：孩子們都還在跟這些考題繼續糾纏。

我們無須用一種更高的姿態去藐視考試制度，也不必鼓吹大家放棄世俗

觀念勿一味追求前三志願，但是，更悲到無底洞的是，教育是根基，到底要怎麼撰寫各科的教科書，才可以讓孩子學會各式武藝以面對現代社會？到底要怎麼設計考題，才可以有鑑別度以達到公平競爭的結果？又或者，在抱怨考試的同時，還有什麼更好的方式，在十二年的國教環境裡，可以讓每個孩子找到他的天賦，以及未來人生的定位？

爸爸媽媽老師們，請用最大的耐心與毅力，陪著孩子，熬過考試這段過程。生命是長期持續而累積的，不僅是功課、考試排名或者第幾志願，人生絕不會因為一題失誤而毀了全部，也不會因為碰巧猜對一題從此無憂無慮。老師不需要把自己當成將軍，一路廝殺要學生跟著衝鋒陷陣，班上出了幾個第一志願的學生，不代表這些功勞與光環都應該歸於老師身上。為學生指路、扶助、開導，是家長老師的責任，但真正走上朝聖之路的，還是學生自己。

貼心提醒

適當的空白，是可以讓陽光透進來的縫隙。學生也需要喘息的空間，補習班與家教，考古題與測驗卷，家長們可以揣想自己有力氣二十四小時都在準備考試？在考試這條路上，家長與孩子承受的是一樣的壓力，互相陪伴，彼此鼓勵。爸爸媽媽不一定要複製自己的經驗，孩子也可以提出做得到的讀書計畫，不要彼此責備，一起抒壓調解。考試是一時的，家人是一輩子的。

（想要看更多的考題，請上「大學入學考試中心網站」歷年試題及答案卷，若因此無法入眠，請勿責怪作者。）

校園嘻遊記：父母放兩旁，同學擺中間

對於學生而言，校園生活幾乎是他的全部，同學的一句話大過爸媽生養十幾年，老師的勸導偶爾聽聽，基本上參考用。極度在意同儕的肯定與接納，對於父母親情置之不理，甚至厭惡棄離。如果剛好有中意的偶像，為他（她）寢食難安、追逐跟風，見面會演唱會的票再難也要想辦法買到，爸媽不懂那些長得都一樣的偶像到底有什麼迷人之處，就像孩子也不懂爸爸看到街上風馳而過的重機馬上兩眼發直的執著，或者媽媽搶到限量經典包包的欣喜。

我們都是一家人，請尊重各自的瘋癲迷狂。

當我們後來的人生裡，一定會有感覺痛苦、失落的時刻，或許，追逐偶像那樣爆衝的快樂，曾經為了他（她）而狂喜或狂悲的剎那，衷心地為他

（她）加油、無條件相信而不求回報的心情，可以永遠地貯藏在身體裡，像夏宇的那首詩：「把你的影子加點鹽／醃起來／風乾／老的時候／下酒。」

哥哥在學校的同學好友，基本上就是球隊、電玩與吃喝玩樂，直來直往的坦率交情。妹妹多了一些女生的細膩複雜，可能是同一個寢室、追星群、社團或者擔任幹部的情誼。他們都還算願意與我分享一些心得，妹妹偶爾是衝進來我的寢室然後哭哭啼啼抽抽耶耶地訴苦，或者我送她上學的車內暢談時光，其實很多時候我想老生常談，但盡量忍住，以傾聽為先，不預先做評判。畢竟現在同學的重要性大於我們，暫時退位擔任邊緣配角，也是避免青少年與更年期母親衝突的最好方式。我就曾不經意地談到哥哥的某位同學講話髒字太多，哥哥居然爆怒：「講我朋友就是在講我！妳就是說我不會交朋友！」

這也扯太遠了吧！但是哥哥就是不喜歡我評論他的朋友，他自己可以亂罵一通，發誓絕對不再跟這種人講話，卻不允許爸媽多言一句。然後，過幾天又看他跟人家稱兄道弟玩樂在一起。妹妹因為友誼而落下的眼淚絕對多過梅雨季，但是她收到摯友的卡片或者一朵花，逛街時分著耳機一起聽一首歌，那種幸福感讓我好生羨慕。

我自己到現在還與國小國中同學保持聯繫，高中死黨更不用說，是那種「如果老了一定要住在一起」可以蓋同一條棉被的姊妹淘，大學時代志同道合的夥伴，雖各自在不同崗位工作，總是可以一見面就回到默契十足的互動。當然也有漸行漸遠的人，只能默默給予祝福，或許是因誤會而相識，因瞭解而分離。

友誼固然重要，卻也會帶來傷害。

因為小誤會而分開，進而孤立他人或被離棄於團體之外，被霸凌，被勒索，這些人性最底層的殘酷現實，在校園內並不少見。家長們該如何協助孩子呢？學校的輔導機制可有讓學生方便求救的繩索？

學校裡充滿了來自各式各樣家庭的孩子，他們必須學習如何認識他人、如何交朋友。這樣認識自己與評估他人的過程，充滿了情緒起伏、猜測、苦惱、信任與背叛，最後找到莫逆之交、和誰絕交、跟誰保持冷淡關係或是誓不兩立，都是經歷考驗的結果，老師父母能做的，似乎也僅能在旁守護，防止他們越過法律界線，不可以犯罪。

三句髒話不離口的孩子，父母老師可以試圖去拆解每一個髒話背後的意義和情緒，孩子們無法冷靜分析這些隱藏著對人身攻擊、性別歧視、甚至族群貶抑的髒話，我們不妨先幫孩子理解他背後的「隱藏攻擊」情緒。我看到有老師的處理方式很棒，他會導引學生：「你說這句話的時候，是想讓對方受傷？還是只是覺得這樣比較爽？」，聽到孩子又罵髒話時，不是馬上命令他「不要講」，而是問：「你講那句話時在想什麼？」「你是氣什麼？」協助他把心底情緒與意義表達出來，當孩子足夠理解自己後，他就有更多的話語選擇權，然後就有機會改變講話的內容。

例如：「幹」可以請他說「我超無言」，「靠北」可以用「你真的很有事」代替，如果又爆粗口，除了責罵、處罰之外，跟他一起找到替代的詞語再說一次，多講幾次，慢慢就可能調整了。

再例如：為了試膽而共同進行竊盜行為，負責在外把風的人，即使沒有參與分贓，也會被視為竊盜罪的共犯，這些，孩子知道嗎？要明確讓他們知道所謂「犯意聯絡、行為分擔」的概念，而不要以為事後可以輕易卸責。

還有，在學校以言語侮辱老師，經勸阻不聽，老師提出刑事侮辱罪告訴附帶民事訴訟，要求父母連帶賠償精神慰撫金，孩子或許可以任性說沒錢不用賠，但是父母的連帶責任絕對跑不了，法院的判決都已經判過多少件了，孩子與父母瞭解嗎？

同學打鬧之中，故意拉開椅子讓人跌坐地上而受傷、在網路上捏造事實誹謗同學考試作弊、感情因素吃醋相約談判因而大打出手、轉賣非法仿冒品或者毒品、協助詐騙集團擔任車手、受邀約而去飲酒賭博……這些，都要避免讓孩子有「因為不好意思拒絕同學」、「怕同學排擠而失去朋友」、「為了面子嘗試一次就好」的心態，這些都要時時提醒，並且以孩子可以接受的方式勸誡，讓他們在瀕臨違法界線的那一刻，耳邊響起阻止的聲音，心中有掛記著親師的身影，或許就有挽回的餘地，不讓遺憾發生。

世間險惡，校園也是，我常常到學校演講，但不知道講述犯罪的法條會判處幾年的規定，是否會嚇阻了孩子？以現實血淋淋的照片展示可有當頭棒喝的效果？我只問：不斷提高刑罰，可有讓酒後駕車的案件變少？那些爛醉如泥仍堅持坐上駕駛座的人，可有因為刑法第一八五條之三規定刑罰高度而放棄駕車？

法條再多條，都不如一個基本的人性尊嚴的養成：不侵犯他人，也不受他人侵犯，在合法的界線裡享受自由，也不被他人干擾，這是所有法律的出發點，也是生存的準則。

校園裡的情慾問題，也是我一直關注並且期待有更公開透明的教育方式。青春期孩子的荷爾蒙作用，對於感情以及性行為的好奇與躁動，無法掩藏，必須在合乎人性的條件下讓他們理解，「春夏秋冬，各個季節都有該運行的節奏，學生時代，似乎不宜太快有性生活，如果別人都在上學，你已經當了爸爸媽媽，似乎亂了順序，也少了很多學生時代才可以體驗的事。」我總是這樣跟學生說，「多運動，瞭解自己身體，也尊重他人的身體。」

學生結伴到賓館體驗性行為，同時是犯罪人也是被害人，成長中性慾的呈現雖屬自然，但無論是出於好奇或是兩情相悅，這樣在法律上視為性犯罪的行為，如果一律將之定罪，似乎過於嚴苛，於是法律有所謂的「兩小無猜條款」，讓十八歲以下的人有機會減輕或免除刑罰執行，但並非不成立犯罪。即使這是屬於告訴乃論案件，必須由特定人（被害人、配偶、法定代理人）提出告訴，才有可能進入司法程序。不過我們稱為「被害人」的本人，如果是出於自願而合意性交，理論上當然不願提告，因此大部分的案件都是由父母提告。結果卻變成違背孩子意願、強行進行訴訟的窘境，不僅破壞親子關係，想必也對孩子內心造成莫大傷害。

至於因為十八歲成年之後，基於自主權而做的行為，例如：把名字改為鮭魚或者章魚，無限制地使用信用卡小額貸款、購買自己無法承擔的機車以至於債台高築，或者是堅持轉系、休學、甚至……結婚？

每當有這類校園違規事件發生時，被通知到場的爸媽往往會想：「到底是誰帶壞了我家孩子？」我卻常常想，社會上各種得獎人，上台第一件事情一定是感謝身邊的貴人，從父母到老師朋友。當那些模範生資優生得獎時，為什麼沒有爸爸媽媽會出面說：「這些都是被某同學帶『好』的。」在校園裡，孩子的任何作為，不僅是反應了他的學習過程，更是家庭教育在學校的具體呈現。

孩子成長中最難能可貴的，是有機會認識這個世界有多大、人有多複雜多樣，在他們打開好奇張望的眼睛時，老師家長的角色，何其重要。家長們莫不希望孩子能在我們控制好的環境下，安全成長。但我們用選擇過的、熟悉的人際關係，鋪設一路綠燈無阻礙的道路，真的對孩子好嗎？用我們的視野、我們固有的價值去判斷，告訴孩子什麼是好什麼是壞，恐怕也會剝奪了孩子培養自我理解的機會。

少年違失行為，嚴重者要經由少年法庭審理，這些所謂「非行少年」，真正缺乏的，或許是一座燈塔，以及一雙協助他們能再度出發的翅膀。少年在經歷這些輔導教誡，甚至進入矯正學校的期間，彷彿就像是經歷人生的一座隧道，我們期待在那兒讓他們保持生命正常的節奏，當非行少年出來時，重新面對陽光，都成為跟社會接軌的「飛行少年」。

校園生活最大的好處，就是認識人間百態，那些好的壞的，積極的放縱的，天真的陰險的一一羅列並陳，在青少年心中形成一種偉大的智慧，彷彿是所羅門王的寶藏，可以與百獸萬物對話，體驗這燦爛豐富的人生。

世界上有許多人喜歡表現得讓別人覺得他們很了不起，這些人最在意別人怎麼看自己，總是忽略了真正的自己、原來的自己是什麼樣的人……你必須珍惜自己的感受和深深感動的事……而且要認真思考這些事的意義。

我可以教你英文、幾何、代數；但是，我無法教你，人聚在一起組成社會、每個人在其中過著各自的人生，具有什麼樣的意義、有什麼樣的價值……想瞭解人活在世界上有什麼意義，需要靠你實實在在地活著，在人生中扎扎實實地體會。（《你想活出怎樣的人生》，吉野源三郎著，陳昭蓉譯，脇田和繪圖，先覺出版。）

據說是宮崎駿爺爺因為這本書的啟發，拍了一部《蒼鷺與少年》的影片，藉由這部電影，傳遞了珍貴的價值與叮嚀。

爸爸媽媽老師們，我們要透過什麼樣的訊息，告訴孩子我們的關愛？讓我們把握與孩子一起的時光，不斷地自問與互答：我（你）想活出怎樣的人生？

貼心提醒

立法者考量年齡相若之年輕男女，因相戀自願發生性行為之情形，若一律以第二二七條之刑罰論處，未免過苛，故增訂第二二七之一條，俗稱「兩小無猜條款」，十八歲以下之人犯第二二七條之罪者，減輕或免除其刑。另刑法第二二九之一條規定，十八歲以下之人犯第二二七條之罪為告訴乃論。

孩子在學校應該學到的專線電話，一一九，一一〇之外，一一三也是應該牢牢記住的救命寶典。（**家庭暴力、性侵害及兒童少年保護通報**事件，一一三保護專線二十四小時守護民眾人身安全。）社會上虐童、家庭暴力、性侵案件確實存在許多犯罪黑數，適時的通報以及檢舉，才可以拯救身陷其苦的人。

離開你或走近你？親師生最適當的距離

學生時代，我就有寫日記的習慣。每年必定為自己準備一本喜歡的筆記本，功課做完之後，想辦法抽一點時間默默記錄著自己的喜怒哀樂。中學時期總是寫一些不足為外人道的情緒：「今天A對我笑了一下，真是令人開心。」「可惡的B，怎麼可以寫信給我又約隔壁班的女生出去？」大學之後，ABCD當然不會少（現在已經都忘記是誰啦），更多是書本的讀後感、社團人際關係的困擾、如何在國家考試的壓力下仍然想辦法要過一個豐富大學生活的掙扎與不安。現在偶爾取出翻閱，泛黃紙張記載的，是青春顛簸而行的痕跡，也是一路被善意對待而安然成長的幸福。

工作之後，更多無法寫在判決書上的感觸，以及因為邁入婚姻磨合而生的智慧（與怨恨），就在鍵盤的間隙中完成，存入電腦。孩子出生前後，更是把握時間，希望鉅細靡遺留下他們的每一個奇妙時刻。我和老黃最喜歡爾雅出版社的日記書系列，從隱地作家開始，每年都有一位作者寫下日記，老黃總是津津有味地翻閱（窺視）他人的日常生活，並且諂媚地對我說：「妳若寫出來，一定也很精彩。」

是啊是啊！每個月專欄文章裡，寫到氣噗噗地想要埋怨老公時，限於字數（以及隱惡揚善的道德良知、且為了勉強維持婚姻的假象），只好恨恨地寫下：「以下刪除五千字。」這些老黃跟我的對話，讓很多人敲碗等著要讀，我也只好積極籌備下一本書，書名就是「那些被刪除的五千字」，應該歸類在夫妻相處、笑話叢書、還是悲劇小說呢？

總之，利用社群媒體記錄的好處就是，幾年過後，每天的動態回顧，可以在烏煙瘴氣的生活中，讓懷舊的甜蜜回憶治癒心靈，尤其是泅泳在教養苦海的媽媽，必須用這些提醒自己：現在讓你氣得想登報作廢的屁孩，以前也曾是天使；再用自己十年對照相片（騙）讓人家說：哎呀妳根本沒變啊！

在孩子十歲左右，我寫下生日感言：「最近常常感到角色錯亂的困惑。

當媽媽的時候，總有點不耐煩，覺得家庭和教育小孩這個機能似乎都是女性在維持，有點任重道遠，有點不甘願又怕不勝任；工作的時候，又覺得介入他人的是非這件事讓人無奈，想到當初投入的初衷以及理想之類，就更讓人無力；當太太的時候，也會質疑跟老公之間到底存有的默契和共識還有多少；看來都是自尋煩惱的無解問題，卻也常常讓我半夜醒來睡不著。不知道遠離一切度假幾天有沒有幫助？」

我從二〇一二年寫下這一段感言之後，隔年總是複製再貼上，十幾年下來，結論是：「度假從來沒有幫助解決問題，困惑一如白髮年年增加。」

身為家長、他人配偶以及專業工作者的多重角色，不僅讓成年的我們困惑，未成年的孩子何嘗不是迷失在茫茫的成長漩渦中？孩子在校園的那十二年，通常也是家長最辛苦的三明治時期，恨不得有分身可以兼顧所有事情。孩子往成熟的方向急馳而去，父母逐漸邁向哀樂中年或初期老年之路，而身在校園的老師，無論是新手或老鳥，逐漸加重的教學負擔以及複雜敵意的環境，面對數十個不同性格的學生以及雙倍的家長，親師生三方角色彼此互動的結果，是擦撞出火花還是攜手和樂同行呢？

我遇過熱心的老師，願意提供各種層面的學習，例如安排校外教學，堪比蜜月旅行的規劃層級。事前蒐集家長同意書、徵求隨行家長、投保旅行平安險、提醒備藥、行前通知書洋洋灑灑、設計學習單、通知學校營養午餐暫停一次、調課、探路，重要的是選擇適宜地點（搭火車？捷運？去動物園還是天文館？），讓孩子得到收穫。我跟隨過幾次哥哥妹妹的戶外教學，那真的是比皇帝出巡還要謹慎，臣子奴婢們（就是隨行家長）提心吊膽，精神緊繃。孩子一下子書包掉在公車上，那一邊又有跌倒膝蓋流血的，丟三落四，興奮躁動，整天經歷過後，我原本對於成吉思汗遠征的崇拜感已經蕩然無存，如果家長跟老師可以將孩子平安帶回學校，非洲大冒險、外太空探測又有什麼難的呢？

最重要的，孩子在這校外教學的過程中的學習體驗，如何買票、搭車、遵守公共場合的秩序、各種狀況的應對……其實這些不都是家長應該在生活中給予孩子的教養內涵嗎？老師費心安排，就算完滿結束之後，還是有來自家長的求全謗語或無心責備，真的會讓老師為之卻步。

到底，老師與家長要保持什麼樣的距離呢？

校園裡的家長會，是讓校長老師又愛又恨的團體。

親師會上，有些導師會默默地檢視孩子的資料（比相親還要慎重），事前請託或者善意提醒大家可以推選某某爸爸或某某媽媽擔任班級代表。對了，我在這十二年期間，本名暫時不用，變成依附在孩子名字下的「某某媽媽」。不小心在班親會上多言了幾句，半推半就之下就變成了班級代表，隔兩個禮拜後參加全校家長代表大會，再不小心又發言或者被「暗算」的情況下，我在國中以及國小都擔任過家長會會長。

老黃當然鼓掌叫好：只要讓他老婆忙到沒時間管他的事，都是好事。所以他除了負責實質捐款之外，其他一律置身事外，還美言為：「老婆大人扎根教育，弟力拚經濟，前者為本，後者從之也！感不勝感。」

家長會當然是老師的助手，運動會需要志工，媽媽兵團一早就在門口，報名檯、登記處、醫療中心，穿著背心的家長們簡直比學生還多。打疫苗時還有專門安慰學生的「媽媽抱抱團」，我就曾經被害怕打針的孩子雙臂緊緊纏繞，還得發貼紙或者糖果才可以讓他們恢復。端午節包粽、中秋節畫柚子，跨校聯誼有時還要化身民宿讓孩子過夜，校長老師一聲令下，家長會就像是最佳的應援團，什麼都願意協助。

但是，也有過度熱心的家長，把學校當作他的辦公室，天天報到，從校園落葉到營養午餐菜色，比航空通關檢查還要嚴格；圖書館要買什麼書、福利社的牛奶品牌、放學的路線規劃，家長當自己是國策顧問，而且「我又不收報酬，我是義務來服務的」。這句話可就打臉了所有沒時間出現的家長。但是老師有他的教學進度，學校的設備也非隨時可調整，更不可能為誰而量身訂做，把自己當副校長的家長還真不少，頗生困擾。

我曾經上過廣播節目，主持人總愛問我：「如何將審判工作、家庭生活與寫作結合呢？」或許他們希望聽到我完美的詮釋，如何當一個時間管理大師，但我的回答是：「我常常錯亂角色，在法庭上當媽媽、在家裡當法官。」如果再把老師的角色納進來，媽的多重宇宙不造成星際大爆炸才怪。

老師既然是班級的掌舵者，家長們最好不要掣肘，避免在孩子面用嚴厲的論調批評老師，如果真的有不適任教師的情況，依循途徑申訴，讓學校啟動程序，家長不宜預先跳下來發動罷免或公審，因為我的工作是法官，有些家長甚至希望我當個仲裁者。難道要在校園上演擊鼓鳴冤的連續劇嗎？我謹慎地嚴守界線，在學校，我只是個家長。

在工作上，我倒是真的處理過許多令人揪心的案件，許多房思琪在暗夜哭泣，狼師的魔爪潛藏在掩飾的外衣下，校隊裡利用權勢的教練侵害學生身心健康，貪財的校長老師貪污被關，在廁所內偷拍的人竟是老師……校園固然藏有不安全的角落，但父母可能讓孩子一輩子待在無菌室嗎？家長老師要讓孩子瞭解身體的界線，時時注意，並願意成為孩子信任傾吐的對象，當他們毫不猶豫地求助時，我們可以立即承接，在孩子墜落之前，展開降落傘。

被家暴的孩子身上的瘀傷，即使用制服遮掩，總有他的救星老師細心地發現而展開救援；孩子因為父母離婚造成的監護權爭奪戰，貴人老師甚至暫時擔任孩子的休憩所；對於醫療方案，未成年人與監護人的意見不一，縣市政府積極介入後暫停監護權，總算讓孩子順利就醫並痊癒，這些幸運的孩子有人承接住了，但我們不能靠運氣來拯救受困的孩子。養育他們，或者毀掉他們的未來，決定權在於父母老師的手上。

校園裡的事件，都有對應的處理程序，無論是學生的獎懲、性平、霸凌事件，應該讓法定的機制運作，而不要打爆1999專線或者倚靠民意代表，或者直接用媒體爆料。家長在處理事件的態度本身，反映了他對教育這件事情的期待，但是不要忘記，生命是一個長期而持續累積的過程，偶有的事件不會徹底改變孩子的一生，故意誇大爭執或壓下當作沒事，都是在逃避問題，將任何一個案件怪罪於某一個人，或者單一事件，都只是鋸箭法，現下眼不見為淨，不久的將來就會如海嘯般反撲直至無法收拾。親師生要珍惜在校園的時光，唯有在此，善意與包容會放大，罪責會在保護的範圍內，謹慎處理，並且永遠還有再次出發的機會。校園的可貴之處，不在於亮麗高聳的新建築，而是因為這裡是所有學生們都能被理解、被接納的地方，也是親師們都可以安心棲息的寓所。

我的好友昭儀在她的教養書《我的渣男與逆女》裡，描述了身為家長的心情：「養育兩個小孩至成年，加起來會超過二十年。身為心甘情願的受刑人，我的確成為不一樣的自己。有更多的堅持、更多的包容、更多的失落、有更多的滿足、有更多的憂心忡忡、有更多的祝福放手。」

當世界都在往前衝，每個人都怕輸在起跑點的時候，爸爸媽媽應該要抱起孩子進入為他設定的高速軌道車上？還是淡然旁觀任憑他們按自己的節奏行進？老師依憑經驗為學生規劃的似錦前程計畫表，非要孩子照單全收？還是以佛度有緣人的心態、任其自生自滅？

對老師來說數十年如一日的教學生涯，卻是孩子們人生中最特別的幾年；在十八歲成年之前，父母與孩子共進晚餐的機會也沒多少次；孩子進入社會前，在校園中嘗試找到自己的天賦與生命定位；老師與家長無須將自己視為全能，如果可以，讓孩子學習獨立成自己可以運行的星球，他們在嘗試最適合自己的模式，我們也在嘗試最適合當父母老師的模式，各在其位，各盡本職，即使是成為環繞孩子的衛星，也要保持安全的距離。我們都在不斷前進的時空中，相遇、互斥、修正、調整、犯錯、受傷、恢復、成為彼此的貴人或者陰影，旅程的目的，就在那窗外稍縱即逝的風景，多麼難能可貴，我們可以一起經歷，在抵達終點之前，真實的生命樣態，隨時都具有意義。

知名書籍《時間簡史》的作者霍金（Stephen William Hawking），早就提醒我們了：「如果宇宙不是你所摯愛的人所居之處，宇宙就沒那麼重要了。」

我們何其有幸，在此刻相逢。

貼心提醒

性別平等教育法於二〇二三年八月十六日修正公布，並於二〇二四年三月八日施行，包括：適用範圍納入軍事學校、預備學校、警察各級學校及少年矯正學校、將「實習場域之實習指導人員」列入教師之定義、校長及教職員工與性或性別有關專業倫理事項、精進學校與主管機關調查處理機制，避免權勢不對等關係影響等重大新制，以營造友善性別平等教育環境。教育部依據性別平等教育法第二十一條第一項授權規定，修正發布「校園性別事件防治準則」，各級學校的校園性別事件防治規定、專業倫理規範等應公告周知，以「有效」、「友善」、「可信賴」的原則，落實校園性別事件防治，建立性別平等及安全之學習環境。

輯三

與社會連結
責任、義務、職業與性別平等

書包的祕密

妹妹暑假期間回國，心心念念的就是要回去看她的國小老師。

「咦？妳以前不是跟我抱怨，老師要你們背〈愛蓮說〉，還規定下課一定要出去操場跑跑跳跳，很討厭？」媽咪提醒。

「我早就知道老師是為我們好，『出淤泥而不染，濯清漣而不妖』，在賞花時不由自主唸出這樣的句子，顯得自己很有文化呢！」或許妹妹在國外求學，看到的都是蟹型的英文，此時特別想念優美的中文字吧？

只見妹妹頻頻點頭，「對啊！有時候會特地去買一杯珍珠奶茶，看看價目表的字都好。」我看妳是腸胃特別思鄉吧！

每年教師節，媽咪總是特別快樂，因為我兼具兩種身分：一方面可以向恩師獻上敬意，另方面也接受學生給我的祝福。

「用心的老師，是學生的一盞明燈。」爸爸說，「我媽媽以前到學校都跟老師說：『我兒子不乖的話，一定要教訓他，用力打沒關係。』」

哥哥大叫：「是不是因為爸爸都考第一名，所以打不到你，奶奶才會這樣說？」

說起來，我跟爸爸小時候幾乎很難不「歷練」過藤條及鞭子，現在回想起來，那種「不打不成器」的觀念，確實不符合人性尊嚴，造成很多傷害以及後遺症。

「時代改變，觀念當然要進步，」媽媽說，「校園是孩子邁出家庭的第一個學習場域，也是學生接軌社會的前哨站，重視教育的國家，才是強盛的國家。」

「可是老師也感嘆，校園環境愈來愈複雜了。」妹妹說。

本來就是啊！校園內的成員，從校長、主任、老師到學生，一整天相處的時間，比家人更多。各個學生都有其獨特的性格，老師面對整班的學生（以及家長），校長要處理全校的行政問題、排課順序，還要注重特色教育、準備各種競賽、校際交流，每天要面臨不特定的突發狀況，當初我光是要「按捺」你們兩個小孩，就讓我焦頭爛額了。想像一下導師的手機，如果叮叮叮整晚響個不停，要怎麼休息呢？

「也有很不負責任的老師啊！上課就放影片讓學生自己看，嘮嘮叨叨就只講家裡的事，課本進度都沒有跟上，或者不斷提起當年勇廢話一堆……」哥哥愈講愈激動。

「欸！我記得你以前說，這種老師最好了，你上課可以睡覺。」媽咪提醒。

「認真教學的老師，學生都感受得到啦！」妹妹幫腔。

我當然知道啊！媽咪跟隨你們一路走過這些求學路，十分感謝用心盡責的老師們。你們小學的校長張文宏，每天一早都在校門口笑咪咪地迎接大家；國中校長林美娟，指揮交通的手勢伶俐暢快，元氣十足。你們跟我都很幸運，遇到許多熱誠奉獻、真心為學生的好老師，他們都是我們的貴人。

「當然也有些恐龍家長、直升機家長，動輒輕率地指責老師，功課太多太少，都有意見；不管校園門禁直闖教室，只因為擔心天氣變冷，一定要親自幫孩子穿上外套才可以；還有傳訊息請老師早晨記得要打電話催孩子起床（奇怪到底是誰的孩子）；孩子在學校發生爭執，僅僅聽自己孩子的一方之言，就怒氣沖沖說要告同學告老師告校長，請記者請議員請總統主持公道……」媽咪愈講，爸爸的眉頭愈皺起：「比我的當事人還難搞。」

「爸爸，我記得你說過：唯女子與小人難養也。」妹妹突然來一槍。

「那是以前孔子講的話，有其時代背景，也有不同的意涵。」媽媽幫忙解釋：「現在你爸爸敢這樣講，晚餐我煮的泡麵他就別想吃了。」

「庭長煮的泡麵是全世界最好吃的！」爸爸舉手發誓。

「以前班級發生零用錢失竊事件，有家長建議要在教室內裝設錄影機。也有家長建議老師每天上課前要搜書包，避免孩子攜帶危險物品到校。」媽咪想聽聽孩子的意見，「你們覺得呢？」

「當然不可以裝錄影機啊！我上課睡覺、玩遊戲連線，被發現了怎麼辦？」哥哥抗議，「書包裡面的東西……是我們兄弟之間傳閱的好康，不能給老師看到。」

我記得我以前幫你收拾書包時，只有看到青蛙的屍體、發霉的麵包，還有別人的內衣褲……媽咪其實很崩潰。

「我也不希望有人翻動我的書包。」妹妹也說，「可是，萬一有同學帶刀械或者危險物品怎麼辦？」

依據法院判決的見解，即使目的是出於釐清紛爭事實，老師若是擅自在教室內裝監視器，會被認定侵害學生的隱私權、妨害人格發展。

不過，學生的隱私權固然要重視，但是緊急狀況情形下，在現場的老師，消極不採取應變措施，恐怕也危害到其他學生的安全。教育部於二〇二四年二月五日修正公布「學校訂定教師輔導與管教學生辦法注意事項」，除了明定教師為維護校園安全，學校發現或接獲檢舉、通報有特定身分學生有危害他人生命身體之虞時，得對學生身體、其隨身攜帶之私人物品（如書包、手提包等）或專屬學生私人管領之空間（如抽屜、上鎖之置物櫃等），進行必要之校園安全檢查。

「監視器不是萬靈丹，」媽咪提醒，「校園的安全，家長老師以及學生，人人有責。」

關鍵思考

學校教室可以裝設攝影機嗎？老師可以搜學生書包嗎？

「學校訂定教師輔導與管教學生辦法注意事項」第三章：輔導與管教之方式第二十四點：

教師之強制措施及阻卻違法事由：

學生有下列行為，非立即對學生身體施加強制力，不能制止、排除或預防危害者，教師得採取必要之強制措施，不予處罰：

（一）攻擊教師或他人，毀損公物或他人物品，或有攻擊、毀損行為之虞時。

（二）自殺、自傷，或有自殺、自傷之虞。

（三）無正當理由攜帶或不當使用第三十一點第二項第一款所列違禁物品，有侵害他人生命或身體之虞。

（四）其他現在不法侵害他人生命、身體、自由、名譽或財產之行為。教師依法令之行為，不予處罰。

教師業務上之正當行為，以及為維持教學秩序和教育活動正常進行之必要管教行為，不予處罰。

教師對於現在不法之侵害，而出於防衛自己或他人權利之行為，不予處罰。但防衛行為過當者，得減輕或免除其處罰。

教師因避免自己或他人生命、身體、自由、名譽或財產之緊急危難而出於不得已之行為，不予處罰。但避難行為過當者，得減輕或免除其處罰。

教師有第一項至前項不予處罰之情形時，亦不得予以不利之成績考核。

拿鞭子還是給糖吃？

一早起床，哥哥緊張兮兮地背著球具往外衝。

「球隊規定，遲到三次就要罰請大家喝飲料，而且要坐冷板凳，不能出場。」看見他踩著腳踏車揚長而去，「小心紅綠燈啊！」媽咪的提醒應該像是耳邊風。眼看著管不著哥哥，媽咪直接開門進入妹妹的房間，「天啊！妳的房間亂成這個樣子，充電插頭太多了啦！萬一發生火花時怎麼辦？衣服亂丟，以後誰敢娶妳？」媽咪皺著眉對妹妹嘮叨。

「媽咪，妳沒有敲門就進來，又講這些話，對我的身心造成傷害，我要打一一三專線。」妹妹語氣撒嬌，但是態度是認真的。

這樣就是傷害？那你們平常回嘴的話，媽咪心中千瘡百孔，怎麼回復？

「媽咪，妳的尚方寶劍民法第一〇八五條，已經自廢武功了！」妹妹回答，「所謂『父母得於必要範圍內懲戒其子女』，現在修改為：父母保護及教養未成年子女時，禁止對子女出現身心暴力的行為。」妹妹雖然不是念法律系，但是重要的時刻，總會拿出條文來對付媽咪。

「哥哥念到法律系大四，還沒有妳用功。」媽咪不禁感嘆，「爸爸如果知道這條即將修正，一定跳腳。」律師爸爸在法庭上很會引經據典，但是在家庭裡，如果連當爸爸的威嚴都沒了，怎麼教孩子？

「爸爸不用講話，他只要不發零用錢給我跟哥哥，我們就完蛋了。」妹妹也不得不低頭。

民法「懲戒權」刪除，讓許多家長感到不安，「我們還能怎麼教？」「孩子不聽話，我該怎麼辦？」「一時情緒不穩的話語，就是心理暴力？社會局會介入剝奪我的監護權嗎？」

父母對於未成年子女，既要保護、也要教養，是權利，也是義務。父母的「保護」方式，對子女而言感受可能是「限制」。但是考量到子女的年齡以及其他條件，如果不即時採取一些措施，會讓子女陷入生命身體的危險，難道可以放手不管嗎？當然也有父母以不當的懲戒方式，導致子女受虐，這其中的界線如何拿捏？

我國民法第一〇八五條的修正草案，主要是為了回應《聯合國兒童權利公約》（CRC）第十九條的規範，該公約要求締約國採取一切適當的立法、行政及社會措施，以保護兒童免於受到包括體罰在內的身心暴力對待。

這也是國際間的立法趨勢，例如，韓國、法國、德國和日本等國家，均已刪除父母的懲戒權，並明文規定「親權之行使不得涉及身體或心理暴力」。因此，我國的修法不僅是對國際趨勢的回應，也是對兒童人權保護的強化。

「可是有時候，父母的要求不合理、難道也要一味地服從嗎？」妹妹不甘願。

什麼叫做不合理呢？

代管你們的壓歲錢？禁止你們使用手機太久？晚上回家規定宵禁時間？一定要把便當的青菜吃完？檢查子女的信件？主導大學的科系選擇？

「媽咪，這些事情，難道不應該尊重我們的意見嗎？」妹妹問。

當然要尊重啊！像剛剛媽咪沒有敲門就進來，是我的疏忽。可是我也是在提醒妳，避免發生危險。「我是為妳好。」媽咪語重心長。

「媽咪，妳的好不是我的好。」妹妹殘忍地提醒。

「好好好，我們應該彼此尊重。」媽咪要學習採取「正向教養」的模式，用鼓勵、溝通與情緒管理的方式來教養子女。

（但是誰來鼓勵媽咪呢？）

刪除「懲戒權」的條文，不當然等同於剝奪家長的管教權，應該是說，修法的目的，希望徹底宣示禁止對兒童的「身心暴力」：所謂的「精神暴力」與「人身暴力」都屬於這個禁止的範圍。

其中精神暴力是指心理虐待、精神凌辱、辱罵、情感凌辱或忽視等。例如恐嚇、威脅、蔑視、孤立等。

人身暴力則是包括所有體罰與所有其他形式的酷刑，以及殘忍、不人道、有辱人格的待遇或處罰，例如徒手或持器具毆打、捏掐、打耳光、拉扯頭髮或踢踹等。

「這個根本就是傷害罪了吧！」妹妹搖頭感嘆。

校園中也有類似的困境，教師在面對違規學生時，常陷入「不敢罰、不敢罵」的窘境，家長如果因此縮手無法教養，會讓子女的行為問題更加嚴重。

這次修法，希望藉由法律明確的規定，讓家長能不跨越法律紅線，減少風險。當然也需要配套措施，政府應該讓擴充家庭教育系統，提供親職喘息服務、心理支持、諮商指導等，協助家長不會因「權利的喪失」導致家庭教養的無法控制及崩潰，最終希望以「教養方式的轉變」達到家庭教養子女的功能。

「總之，讓爸媽知道『怎麼教孩子』，比動輒威嚇還重要。」媽咪柔聲提醒：「我跟妳一起來收拾房間吧！」

我國民法第一〇八五條所定「父母得於必要範圍內懲戒其子女」，其中「懲戒」二字在實務上常遭誤用或作為對未成年子女為身心暴力行為之藉口。

行政院院會於二〇二四年十一月二十八日審查通過，修正第一〇八五條草案，規定「父母保護及教養未成年子女，應考量子女之年齡及發展程度，尊重子女之人格，不得對子女為身心暴力行為」，以闡明父母行使教養權之原則，以符合兒童權利公約第十九條規定及相關一般性意見之意旨。

一九七九年，瑞典成為全世界第一個禁止家內體罰的國家，一直到二〇二二年，全世界已經有六十五個國家，宣示兒童無論在任何場域均應免於體罰所帶來的傷害。亞洲國家部分，日本在二〇二〇年禁止家內體罰，二〇二一年南韓也跟進。

虧你還是個大學生

家裡四個人，平時要靠群組互相聯繫，否則妹妹跟我們日夜顛倒，爸爸常出差，哥哥的大學生活捉摸難定，到底是在睡覺還是在圖書館（或者根本就在圖書館睡覺），當然，他最常出現的應該還是在棒球場。

這日，哥哥傳來了訊息：「雖然不是很重要的事，」哥哥寫著，「但我剛剛打出人生第一支全壘打了。」

媽媽大驚小怪：「真的嗎？太棒了，有沒有錄影？被兄弟扛起來繞場？會去吃熱炒慶祝嗎？」

贏球、享受美食、作業完成、旅遊度假……哥哥果然是個愛分享（愛現）的人，有好事發生，就是要昭告天下（還要裝謙虛，到底像誰啊～真是父子同款不能偷生）。

但還是很開心他願意告訴我們啦！相較於默默無聲的妹妹，我更想知道她在學校的點點滴滴、課程內容、同學來自什麼國家、老師是不是很機車還是很誠懇熱情跟她媽媽一樣……

這些我認為很重要的事，妹妹知道嗎？她以自己的節奏在過著大學生活，媽咪還痴心妄想她跟以前一樣跳到我床上嘰嘰喳喳講一堆話（用電話訊息也可呀）。

沒有，沒有，沒有。

我當然知道理性感性必須平衡一下，同是天涯淪落爸媽的好友甚至警告我別再自作多情、該好好正視自己獲得的自由了。

我一再練習、一再調整自己，到底什麼時候才可以接受孩子已經獨立的事實？我以前有這麼不耐煩回應我的老爸老媽嗎？我有將大學生活以及後來的摸索、迷惘、困頓、難熬、歡喜度日的細節，一五一十都告訴我的爸媽？

沒有，沒有，沒有。

所以，我也只好待在一個最適當的距離，觀看自己與孩子的人生。他們往前衝，我在後戀戀回顧，節奏早就不同，目的地也岔路分歧了。我要享受這卸重後的自由，還要安定自己終於獨立的心。

「媽咪，我想去打工。」妹妹有時也會跟媽咪商量事情的。好啊！做什麼呢？

「有甜點店，還有彩繪指甲，幫狗狗洗澡，當BABYSITTER……」這範圍可真廣，看起來都不錯，無論如何，安全第一。

哥哥妹妹小時候，我曾經幫他們找過「故事姊姊」。當時爸爸跟我工作都忙，實在無法準時下班的時候，就請了大學生姊姊到家裡，陪他們吃晚餐，做功課，講故事給他們聽。

「我記得啊！那個姊姊聲音好好聽。」妹妹說，「我們還希望表哥去追她哩！」哎呀，當初是不是這樣嚇走人家呢？

現在幾乎都是雙薪家庭，不見得可以隨時請親人擔任救火隊，孩子需要陪伴，父母體力時間沒辦法配合，「陪玩姊姊」這行業便崛起（當然也有「陪玩哥哥」）。有些陪玩姊姊的工作內容還包含接送孩子上下學、盥洗、哄小孩上床睡覺，這簡直就是全方位的育兒保母了吧！在國外，也有新興行業「主題樂園保母」，工作就是專門陪孩子在主題樂園遊玩。

「什麼陪玩？我最厲害了。」哥哥聽到媽媽跟妹妹在電話的對談，趕緊加入。

「主題樂園保母」源起於二〇二〇年，一位佛羅里達州的大學生，在TikTok上分享了她帶著照顧的小女孩去迪士尼樂園遊玩的經歷，引發廣大回響。目前據說有十多家公司提供類似服務，還延伸出各種節日、慶生、活動比賽等主題保母。

「這麼好，一邊玩一邊賺錢，太棒了！」哥哥妹妹同聲歡呼。

你們別以為這麼簡單，這些陪玩公司保母都經過背景調查，還要有心肺復甦術的認證，以及藥物和心理健康的篩檢，我們國內相關制度可要與時俱進啊！

「至少比家教好吧！我同學去教孩子數學，還會被學生嗆聲：虧你還是大學生，這一題也不會？」哥哥很不以為然。

各位大學生，打工固然是體驗生活的方式，但是要記得，無論什麼工作，都要先確認勞務內容，絕對不可以遊走法律邊緣，「詐騙集團的車手、詐欺共犯、賭博、惡意地拉下線的老鼠會銷售等等，都會用高薪低工時來吸引你們，拜託看清楚想明白：天下沒有不勞而獲的好事。」媽媽又苦口婆心嘮叨起來。

像陪玩姊姊的工作，其實風險也不小，要注意自己以及孩童的安全，如何最適當與孩子互動，最好與家長訂立委任契約。

「喔拜託，這還要訂契約？」妹妹不以為然。

「當然需要啊！有些父母恐怕不希望陪玩姊姊穿著清涼的中空裝來。」媽媽提醒。

「可是應該符合我的期待。」哥哥說。

吼～～你還是自己想辦法去找戀愛對象吧！一碼歸一碼，有人不允許「辦公室戀情」，應該更多家長不容許「家教戀情」，要小心不可以對未成年人做出違法的事。

「媽咪，我知道啦！畢竟我們也是大學生了。」哥哥不滿地說。

好啦好啦！還是講你那支難得的全壘打吧！媽媽開心地跟朋友分享，結果我的大學男同學們，卻歪樓地回應：「全壘打有兩種，哥哥說的到底是哪一種？」「媽媽還想要錄影哩～」「所以到底是哪一種？」

近墨者黑，媽咪就是大學時代不懂得慎選朋友，才會聽他們推薦，選了你爸爸當我的老公，但是，談戀愛時怎麼會想這麼多？唉～「虧我還是個大學生呢！」

關鍵思考

打工就是勞務的付出，到底是委任或勞務契約，權利義務要訂明。根據勞動基準法，工讀生每日工時不得超過八小時，每週不得超過四十小時。若雇主適用彈性工時規定，則可有例外。

104銀行提供幾項口訣值得稱頌，大家要記起來：一、不繳錢：不繳交任何不知用途或不合理的費用，如宣傳照、訓練費、保證金等。二、不辦卡：不應求職公司要求而當場辦理信用卡。三、不購買：不購買公司以任何名目要求購買的有形、無形的產品。四、證件不離身：證件及信用卡隨身攜帶，不給求職公司保管。五、不隨意簽約：不隨意簽署任何文件、契約。六、不飲用：不飲用酒精類及他人提供之不明飲料、食物。七、不非法工作：不從事非法工作或於非法公司工作。八、要陪同：於面試時請朋友家人陪同或事先告知面試的地點。九、要確定：是否為合法經營公司。十、要存疑：應徵公司的徵才內容是否有不合常理的情形，例如工作內容模糊、公司名稱不明等。

小費箱與功德箱

孩子們進入大學後，紛紛開始找打工的機會。妹妹仔細地寫她的履歷，中英文都有，還把自己的影片、論文作品等等附上去。

「又不是要相親，準備這麼多？」媽咪看了也頗為驚訝，「我大學時代就是去當家教，陪學生念書。」

「我才不要當家教，小朋友頑皮不聽話怎麼辦？」哥哥妹妹搖頭拒絕。

你們終於知道媽咪的偉大了吧？從小面對你們這兩個超級難搞的孩子，我是不是應該得師鐸獎啊？

門鈴響了，媽咪連跑帶跳去開門。快過年了，舅舅們來訪，說好一家帶一道菜，這樣不用下廚就可以嚐遍美食，而媽咪當然只要做最擅長的泡茶、切水果就好。

「妹妹怎麼又變瘦了？」大舅舅說，還拿出紅包，叮嚀道：「出國念書很辛苦，要吃好一點。」就往妹妹手裡塞。

媽咪還來不及阻止，妹妹已眉開眼笑地收下。哥哥發現馬上露出諂媚的笑容，湊上前提醒大舅舅：「大舅，我也常常肚子餓！」

「你也有啦！」大舅舅笑著說：「還沒畢業的學生都有資格領紅包。」

媽媽不以為然，「哪有這個道理，他們都滿十八歲，是成年人了。」

「媽咪，這是大舅跟我之間的贈與契約。」哥哥學了幾年的法律，關鍵時刻都會用在自己身上。

既然你成年了，那就自己去打工，不要每個月來跟我領零用錢了。

「對啊對啊！」二舅舅附和：「跟我去街頭彈吉他唱歌，擺個箱子賺小費。」

二舅舅和三舅舅是雙胞胎，從小就擅長彈吉他和各種樂器，學生時代也到民歌西餐廳兼差演唱。長大之後，二舅舅阿威曾組織「台灣街頭藝人發展協會」，結合民間藝人的力量，做很多公益的演出。

「哥哥，你還記得幾年前暑假，我們去德國，在羅騰堡古城廣場上，媽媽鼓勵你去跟街頭藝人借鋼琴彈？」媽媽回憶，「當時爸爸好得意，你演奏完畢，還丟了一堆鈔票在小費箱。」

哥哥點頭，「對啊！結果是那位街頭藝人拿走了。」

「街頭藝人工作很辛苦，小費是給他們的犒賞。」二舅舅說。「以前要上街頭表演還需要考證照。沒有一點功夫，怎能站上舞台？」

「可是，有些表演真的是……不怎麼好聽、也不好看啊！」妹妹皺眉。

這可就有趣了。表演藝術這件事，真的很主觀，你心中的美聲，可能是他人無法忍受的噪音。

「就像海德公園站在肥皂箱上演講的人，」媽媽舉例，「每個人都有權利發表自己的意見，這個屬於憲法第十一條保障的表現自由，是民主國家很珍貴的價值。」

表現當然包括各種演出，音樂、藝術、舞蹈，這些都是人類的自由意志顯現。

「可是，所謂的自由，應該是建立在不妨礙他人的前提下。」爸爸出現了，「有些界線還是要畫出來。」

是啊是啊！我規定你一天只能喝兩瓶啤酒，同樣是為你好，並給你充分的啤酒自由。

「有時表演也會遭到一些麻煩，例如居民會抗議音量太大，或者表演者之間搶場地的衝突。」二舅舅抱怨，「其實我們都有控制音量，表演的場地當然都是事前申請許可的。」

有位街頭藝人，因為在西門町徒步區展演時，因為使用空間超過規定、展演內容與申請不符，被台北市政府依照「台北市街頭藝人從事藝文活動許可辦法」記點，他很不服，就提起訴訟一路到聲請釋憲。

「是的。」二舅舅當然特別關注這個事件。

這個「許可辦法」已經在二〇二一年三月廢止，台北市另外頒布「台北市街頭藝人從事藝文展演活動管理辦法」，從活動許可證，改為申請公共展演空間使用許可，但仍要經過審查，經許可後登記為街頭藝人，才可以在街頭表演。

「現在各縣市都已經立了專法在管理，」媽咪提醒，「雖然沒有考照的問題了，也就是政府不可以審查技藝高低，但是卻可以審查是否適合：例如有無違反噪音管制、表演的內容是否適合該地點、是否會引起公共危險等等。」

「所以，就讓市場機制決定藝人的價值。」二舅舅說，「表演得好，民眾就會大方打賞；表演得差，小費箱裡就是空空如也。」

「如果覺得不好聽，可以將小費回收嗎？」哥哥問。

「如果你期末考被當，我可以回收你的壓歲錢嗎？」媽媽反問。「給小費就是打賞，就是贈與契約，可以附條件嗎？」

「我在廟裡常看到『功德箱』，」妹妹問，「如果跟神明許願，沒有成真的話，可以去跟廟方要回當初捐的錢嗎？」

你們可真會舉一反三，講到錢好像都變聰明了起來。

做愛心、盡公益，還有現在很流行的募資、贊助等，嚴格講起來都是一種贈與。雖然有時候在訂立贈與契約時，會附帶一些條件。「例如哥哥你若是拿到書卷獎，媽咪就送你一張經典賽的球票。」但是對於街頭藝人的打賞、公益活動的捐贈、宗教的贊助等，實在很難想像有附條件可以回收的情況。

「誰要賺零用錢？跟舅舅來摸一圈麻將吧！」只見三個舅舅躍躍欲試，擺桌砌牌要廝殺了。

「我也要學。」幾個表兄弟姊妹全部湊上去了。

「桌上的飯菜吃完之前，誰都不許動！」媽咪拿著鍋鏟，敲著桌面，彷彿在法庭裡一樣。

關鍵思考

街頭藝人的制度應如何妥善規劃？上街賣藝，需要證照嗎？演出，是自由意志的展現，但是如果影響到安寧或者造成危險，公權力可以介入制止嗎？

各縣市政府均有「街頭藝人從事藝文活動許可辦法」類似法令，記得查詢清楚並遵守規定。

大學生，學了沒？

鳳凰花開，媽媽掉眼淚的時間又來了。

幼稚園誇張裝扮、跳舞作樂，小學嘻笑打鬧、中學煩躁不安，到高中的展翅高飛鵬程萬里，各式各樣的畢業典禮，媽媽無論如何一定會參加。雖然因為疫情期間，哥哥的高中畢業典禮只能線上舉行，媽咪還來不及看到就結束了。還有防疫所需，妹妹學校限制入場人數，她帶著口罩上台領獎，跟校長合照，媽媽看著螢幕裡一排穿著制服的長髮女孩，實在是認不出自己女兒是哪一個啊！

總之，能夠順利畢業，踏出校門，都是人生很重要的里程碑。

「我比較懷念高中畢業舞會，大家好瘋狂，還可以邀請女生。」哥哥說到，當時媽媽還帶他去買西裝、領帶、皮鞋，妹妹藉由手機連線指導評論並決定顏色。「要是你有女朋友就好了，媽咪根本不用陪。」媽媽還是忍不住抱怨一下。

「還說哩！記得我陪女同學去買高跟鞋？結果我的腳踏車被拖吊了。」哥哥回憶。「我打電話告訴妳，妳居然笑著要我要記錄所有的程序。」哥哥說。

對啊！媽咪好開心，專欄又有題材可以寫了。

「我看到人行道旁邊牌子有標示保管場地址，我過去找到我的車子，他們先拍照，說是依照行政程序法。然後我用鑰匙打開鎖，繳了保管費之後就可以把車牽走。」哥哥拿出單據給我看，「過一陣子就有定期的拍賣，無人認領的違規車輛很多咧。」

哥哥上大學後，還是騎腳踏車。媽咪期待看到車子後座有長髮飄逸的女孩，在夕陽餘暉中兩人偕行在椰林大道上……可是哥哥後座始終只有球棒壘包跟臭衣服。

這台命運多舛的腳踏車，陪伴著哥哥從高中到大學，終究還是離開了。

在一個夜黑風高的晚上，哥哥的腳踏車被偷走了，畢竟是法律系學生，立即去派出所報警，警察很認真地調閱路口監視器，果然看到一位阿伯把車子騎走，一路往北，然後就失去蹤影。

「我在派出所跟著看監視器影片，看到眼睛都快脫窗了。」哥哥抱怨，「不過警察真的很認真查案。」哥哥拿回報案單，也算是完成了刑事訴訟偵查程序的首次實務經驗。

至於妹妹，在國外念書，捷運以及火車是她的交通工具，她說最恐怖的事就是，期末考時遇到地鐵罷工。

「這有什麼恐怖？大學裡面多的是奇奇怪怪的事。」哥哥隨便一講，就有一堆讓媽咪瞠目結舌的事件。

「例如有人半夜拿著鋸子去椰林大道上砍樹，還有到學校後面山坡上掘墓比膽量，也有在學校呼籲成立皮繩愉虐社、幸福家庭道德重整社，有人因為虐待流浪貓狗被記大過，也有人在廁所偷拍被抓到，X！那是我最常去使用的廁所……」

天啊！現在的大學生，你們到底在校園做什麼？

「做什麼？校園就是社會的縮影，社會有什麼、校園就有什麼。」爸爸捧著一瓶啤酒，從書房出來，打開電視新聞頻道，「這裡天天都有，不是嗎？」

校園是學生邁向社會的過渡區，也是家庭與社會的連結點，教育的目的除了幫助發掘學生的個人天賦，找到自己生命的定位，也希望他們可以從學習的歷程中，避免犯錯，即使不小心誤觸法網或校規，也希望學生可以重新獲得機會。

這就是為什麼學校校規裡，「懲罰」並非處理問題的優先考量點，而是要面對問題，協助學生一起解決。

尤其是在大學校園，幾乎每個人都已經是成年（十八歲）以上，要為自己的行為負責，但是在校園裡，彷彿無傷大雅的行為，現在也愈來愈被嚴格的檢視。如果在外面罵人會被認為違反公然侮辱罪或誹謗罪，為什麼在校園裡PPT上誣賴他人作弊卻不用負責？如果在公車上違反他人意願做猥褻的行為，會被扭送到警察局，為什麼在校園內就可以恣意地跟蹤騷擾想追求的對象？如果虐待動物已經違反動物保育法，不論在校園或是在外面，一樣要被檢討。

「校規固然優先適用，但是學生不要忘記了，你同時也是個社會人，要遵守的秩序及規範，不會因為有學生證而不同。」媽媽嚴肅地說。

犯罪事件中若有少年涉案，大家就開始呼籲要降低少年事件處理法的適用年紀。但是，之所以願意給少年機會，就是認為還在學習階段的學生，或思慮不周、或觀念偏差、或價值未定，國家法律給少年們機會，讓他們正式邁入社會之後，不用披著前科累累的外衣，可以重新開始，回歸正常。

「一個行為會導致記大過，或者被學校退學，喪失了繼續在校學習資格的學生，直接進入社會大學，就是不一樣的場域了。」媽咪其實很揪心，「我不是教育學家，但願社會能夠承接這些犯錯受傷的孩子，實在是擔憂啊！」

看著皺眉的媽媽，哥哥只好綵衣娛親：「媽咪，別想了，我們去吃大餐吧！」

媽咪憂國憂民，豈是這樣簡單就可以治癒的！不過，還是快看看哪一間餐廳有空位，我們立即出發吧！

關鍵思考

大學生虐貓、作弊、偷拍行為該被退學嗎？退學之後呢？

動物保護法的立法精神是「尊重動物生命及保護動物」（第一條），並且規定「任何人不得無故騷擾虐待或傷害他人飼養之動物」（第六條），依此原則設立法律條文，規範人類與動物的互動行為，提供動物基本的保護。

「國立台灣大學學生個人獎懲辦法」第三條規定：學生個人之獎勵方式如下：一、嘉獎。二、小功。三、大功。學生個人之懲處方式如下：一、書面告誡。二、申誡。三、小過。四、大過。五、勒令退學。六、開除學籍。為前項懲處時，得建議行為人接受心理輔導或轉介身心科門診之附帶決議。

第十一條：學生個人有下列各款情形之一者，予以開除學籍：一、毆打師長，情節嚴重。二、連續考試作弊，情節嚴重。三、不法販賣或製造毒品、安非他命或其他麻醉藥品，情節嚴重者。四、其他觸犯刑事法律之行為，經法院有罪判決確定或學校查證屬實，情節嚴重。

嘿嘿少年，你開往何處？

哥哥很幸運，從國小到大學，學校都在附近，捷運、公車、U-BIKE四通八達，甚至校園內還開放停車位讓學生抽籤。雖然他還是常常諂媚地拜託我：「媽咪，我明天七點就要到河邊的球場，要帶球具壘包，腳踏車載不動，妳最好了對不對？」

這孩子平常油嘴滑舌，但偶爾還是會講一些真話，更何況他一再強調：我是最好的媽咪，看不出來已經快要六十歲、就法官而言，我還算是漂亮的……咦？雖然感覺怪怪的，但迷迷糊糊中還是答應了，順路還去宿舍外面接他的隊友同學，幾個大男生一進來，車子頓時變小了。

「其他同學怎麼去球場呢？」一邊打哈欠的我，忍不住問。

「騎摩托車啊！或者一起搭UBER。」同學回答。

「滿十八歲了，都有駕照吧！法律系的學生如果這個也不知道，有點遜喔！」媽媽嘮叨著，我知道有些學校門口是一條長長的陡坡，甚至百來個階梯，學生就會選擇騎摩托車上學。

「機車才方便啦！公車班次不足、捷運時間有限制，去上課、家教、打工、找朋友，彈性大一點。」阿碩回答。

「媽咪在法庭看到很多車禍事件，實在是不放心讓太年輕的孩子騎摩托車。」交通部所做的調查，讓人觸目驚心。二〇二三年十二至十七歲少年的死亡原因中，近四分之一與汽機車事故有關。二〇一三年到二〇二三年間，十二至十七歲少年騎機車的每十萬人口死傷數，從四百七十二人增加為六百六十六人，成長了四成；除了少年自身傷亡，也可能造成對他人的危害。

「上次就在校門口發生小擦撞，還向黃媽媽請教一些車禍事件的處理流程。」阿倫說到，「後來爸爸叫我去考汽車駕照，現在全家出門，我就是司機。」

真的，爸爸媽媽都會擔心你們。但是，不見得每個家庭都有汽車，有些父母親缺乏法律常識，甚至把機車交給未滿十八歲且無駕照的孩子使用。

「難道父母要負連帶責任嗎？」凡事追根究底的阿文問。

從各方面來講，爸爸媽媽都難卸其責。如果父母讓無照的孩子騎機車或駕駛汽車，除了要處罰六千元到兩萬四千元的罰鍰，車主還要遭受車輛被吊照一至六個月的處分，並且吊扣車主的駕駛執照三個月。若有肇事致人重傷或死亡，可依行政罰法沒入該車輛，因過失導致他人受傷或車輛損害，孩子跟父母要連帶負民事賠償責任。

「哇～」全車驚呼，瞌睡蟲都被嚇到飛出車窗外了。

「無照駕駛，害人又害己。」媽媽叮嚀：「就像是沒有醫師執照的人幫病人開刀，不是很恐怖嗎？」

「那不一定，怪醫黑傑克就很厲害，只是他不容於既有體制內。」哥哥反駁。

你漫畫真的看太多了（不過這也是從媽媽書架上拿到的），這種故事適合拍電影，不存在於現實社會。縱使有再多的才華天賦，想要取得專業的證照、資格評定等等，就要遵守規定才行。雖然有人提議：將機車駕照的取得年齡下降至十六歲，但目前尚未通過修法。

「這需要很多配套措施，交通監理機構必須有完善的騎車課程讓孩子練習，要設計汽車與機車並行不衝突的道路，便利的大眾交通網絡必須遍及各城鎮，不僅孩子上學需要，老人家要上醫院，旅遊產業也是息息相關……」媽媽開始大發議論。

「其實天氣這麼熱，戴安全帽騎車很辛苦，」哥哥打斷名嘴魂上身的媽媽，「下雨天也不舒服，要載人去看夕陽追星星，一點也浪漫不起來。」

咦？難道你有經驗？誰借你機車去趴趴走？

「沒有沒有，不是我。」哥哥同學們紛紛矢口否認。

你們可別隨意借人車子，尤其明知道是喝酒的駕駛人，不阻止他上路還借給他，車主要被吊扣汽機車牌照兩年，如果致人受傷，那還真是……

「我們都知道啦！別一直給我們上課。」哥哥抱怨。

媽媽免費幫你們精進法律常識耶！說到上課，無照駕駛除了要處罰高額罰款之外，父母也要陪同少年一起參加「道安講習」課，沒有參加的話，又要被處罰一千八百元。

「蹺課有這麼嚴重嗎？我常常睡過頭沒去上課，反正可以補看老師的教學錄影……」哥哥喃喃自語。

吼～要打球不用鬧鐘就起床，早八的課就起不來？

哥哥搔搔頭，其他同學似乎也一臉慚愧，忙著整理球具看窗外。

很多無照駕駛的少年，接到高額罰單就隨手一丟，不去繳納也不去上課，結果累積的罰鍰讓政府成為他最大的債主，還未成年就背負了一身的「交通債」。更嚴重的是，未參加道安講習的未成年駕駛，依據道路交通管理處罰條例規定，將被禁考半年。

「不得考照的禁考期，是累積的，」媽媽提醒，「如果連續十次不去上課，就要等到二十三歲之後才能考照。」想想看，「合法上路權被封印了五年，影響這麼大，他們知道違法的代價這麼大嗎？」

球場到了，隊員們下車，對著我深深一鞠躬：「謝謝黃媽媽。」

好好加油，擊出個全壘打吧！記得給我這輛 UBER 好星五評喔！

關鍵思考

道路交通安全講習辦法第四條規定，未成年人必須在法定代理人或監護人陪同下參加道安講習，無正當理由未參加道安講習，會被罰一千八百元。依照道路交通管理處罰條例第二十四條第三項，未參加道安講習會被吊扣六個月駕照。但未成年駕駛無照可扣，因此再根據同條例第九項規定，如果駕駛人還沒有駕照，則在吊扣期內不得考領駕駛執照。意即，無照駕駛未參加道安講習，將面臨六個月的禁考期（請參考「道路交通管理處罰條例」、「道路交通安全講習辦法」、「違反道路交通管理事件統一裁罰基準表」）。

未成年人無照駕駛的代價這麼大，少年、父母、學校、社會，該如何積極採取相關措施？

邁向平等的世界：女性運動員

二〇二四年七月二十六日至八月十一日，時隔百年，第三十三屆奧運是第三次在法國巴黎舉行。

四年一次，運動員的各種身影：奮力一搏的、努力維持美姿美態的、團隊合作的、單打獨鬥意志堅強的……這段期間，全球觀眾不是在現場、就是在螢幕前激動吶喊，為自己的英雄加油。

「媽咪最愛看桌球了。」妹妹打哈欠說，「我喜歡體操，熬夜也要看。」

那當然啊！媽咪平常也有拿著桌球拍揮個一兩球的，如果能夠讓林昀儒跟我對打一場，那真是夢幻成真，睡著都會笑。

「我願意幫水上芭蕾的女選手遞上浴巾。」爸爸小小聲感嘆，媽咪故意沒聽到，白日夢誰不會做？就讓你開心一下吧！

「妹妹，妳知道傳遞聖火的源由嗎？」爸爸又要秀冷知識了。

「我知道我知道！」妹妹打開手機，維基百科馬上回答了，「古希臘神話中，普羅米修斯因為憐惜人類而盜取天火，為人們帶來溫暖與光明。為了感謝並向天神祭祀，奧運遂開始聖火傳遞的儀式，延續運動精神與和平象徵。」

妹妹一口氣唸完，爸爸也只好摸摸鼻子，點頭稱是。

「今年另外有一個指標性的意義：奧運男女選手的比例是一比一。」媽咪舉起大拇指，「真是值得紀念的巴黎奧運！」

「真的這麼偉大嗎？」哥哥回話，「我們法律系的女生早就超過男性啦！」

「全國女法官的總人數也超過男法官了。」爸爸也提醒。

還好我生了哥哥跟妹妹，我們家算是勉強保持平衡囉？其實，分析性別比例的現象，並非在意誰較多誰較少，而是經由這個角度觀察社會文化經濟的各種轉變脈動。

「奧運自一八六九年首次舉辦，教練、選手、裁判當然都是男人。一九二八年阿姆斯特丹奧運，是女子選手首度在田徑項目亮相，女子參加奧運的地位也才正式獲得承認。」妹妹看著搜尋來的歷史資料，直呼不可思議。

「有時候男生也會被排拒在門外，」哥哥抱怨，「上次去東京，有一間好玩的拍貼機店，門口就有貼告示：『若無女性陪同，禁止男性進入消費。』」哥哥找出照片，證明所言不虛。

「是啊！還好我有跟去，否則哥哥他們九位男同學怎麼進得去？」妹妹很得意地把拍貼照放在媽咪面前（謝謝體諒我老花眼），是一張搞笑的合照（如果要拍電影，片名就叫《九命怪貓與一妖女》，媽咪心裡亂想卻不敢講）。

你們覺得這樣的限制合理嗎？

「有些餐廳不接待六歲以下的孩童，或者限制寵物進入，」妹妹說，「只要標示清楚，消費者也不可以抗議啊！」

是的，基於契約自由原則，只要不違反公序良俗，消費行為的對象、標的、方式等，適當地限制也是合法的。

但是奧運比賽，把女性擋在賽場之外，可沒有什麼好理由。

例如一九四八年的倫敦奧運，三十歲的荷蘭女子選手 Fanny Blankers-Koen 是兩個孩子的母親，參加田徑比賽，居然被荷蘭婦女批評，說她是「一位失職的母親，不應該把大腿露出來到處走動」。

「噗哧！」爸爸不知為何，一口啤酒噴出來。難道是因為媽咪也常常穿短褲在家走動，難道我有失職嗎？有嗎？有嗎？

「沒有沒有！」他趕忙解釋，「這些人真是太糟糕了！」

縱使 Fanny 的教練老公出面證明，他太太盡心照顧家庭，各項家事都沒少做，責難之聲仍然如潮水般湧來。結果她一舉拿下四面金牌，輿論對她的態度才有一百八十度的轉變，媒體稱讚她為「會飛的家庭主婦」。

「與其會飛，我比較希望一天有四十八小時或有八隻手可以做事。」媽咪感嘆。

「如果她當初沒有拿到獎牌，是不是會遭受更多責難和更多的噓聲呢？」妹妹很不平，「奧運的精神，不就是要讓世界上各式各樣的人都有表現的機會嗎？」

「你們還記得媽咪寫過〈世界上最遙遠的距離〉這篇文章？是講妹妹小時候因為身高不足，而不能搭乘雲霄飛車。」媽咪提醒。只見哥哥妹妹心虛地敷衍：「哎呀，媽咪妳寫的文章我們都沒時間看啦！」

那麼，你們現在可要專心閱讀二〇二四年五月三十一日憲法法庭「一一三年憲判字第六號」的判決。

這起案件的原告是一位女生，參加了二〇一八年消防警察人員考試，錄取報到經過複檢，發現她身高一百五十八．九公分，因為差距一．一公分，不符合「公務人員特種考試一般警察人員考試規則」第八條第一款「非原住民女性應有一百六十公分」的規定，於是被廢止受訓資格。

「啊——又來了。」妹妹這次聽懂了，「身高又不是靠努力就可以改變的！」

「重點是，憲法法庭認為，原規定所設的身高標準，排除女性應考人之群體比例明顯高於男性，使女性應考試服公職權受到差別待遇，與憲法第七條保障平等權益意旨不符，所以自判決宣示日起，至遲於屆滿一年時失其效力。」爸爸補充正確的內容。

所以，即使是小小的一公分，也要大大地去爭取，性別平等產生的議題，從古至今，全世界都一樣。

「今天是七夕，誰說織女只能等待牛郎跨橋過來相會？」媽咪鼓勵妹妹，「看到好的男生，記得要勇敢去追！」（別像妳媽媽這麼傻啊，以下刪除五千字辛酸故事……）

關鍵思考

稱號「性平三法」的《性騷擾防治法》、《性別平等工作法》及《性別平等教育法》，目的在於建立安全平等的教育、工作以及社會環境，以被害人保護為中心，完備被害人的權益保障及服務，建立專業可信賴的性騷擾防治制度，架構有效、友善、可信賴的防治網絡，邁向性別平等互相尊重的新世紀。

對於特定職業限制從業條件，必須出於重大公益原因，依照就業服務法第五條第一項規定「為保障國民就業機會平等，雇主對求職人或所僱用員工，不得以種族、階級、語言、思想、宗教、黨派、籍貫、出生地、性別、性傾向、年齡、婚姻、容貌、五官、身心障礙、星座、血型或以往工會會員身分為由，予以歧視；其他法律有明文規定者，從其規定。」另外勞動基準法也有相關規定。

運動場上的汗水與淚水

「沒事就運動、運動就沒事。」哥哥絕對是奉行這句話的大學生，不是正在球場打球，就是在前往球場的路上，棒球羽球壘球，無球不與。

「話說你到底是法律系哪一組的？」媽媽問。「我應該是體育組。」哥哥回答。

說實話，媽咪也不能太批評哥哥。在媽咪念大學時期，桌球排球籃球，只要有球賽，一定到場。不是因為球技好，而是女生人數少，被抓去充人數，還可以藉機接近帥氣的學長……

當時由各大學系所輪流主辦許多競賽，例如法律系的就叫「大法盃」，土木系的叫「大土盃」，據說機械系也有，不過名稱似乎不太好聽。

「一九九〇年職棒元年，三月十七日開打，龍虎獅象各有球迷，王貞治獲邀為開球嘉賓。二〇二三年總算大巨蛋也開幕了，王貞治也來致詞！」爸爸激動回憶起球賽的狀況。咳！不好意思，當年媽咪我正年輕……其實也不年輕了，大學四年級，正忙著準備研究所考試及國家考試。

「哥哥，你也該收心念書了吧！」媽咪不禁叮嚀。

「一樣是當裁判，我覺得去球場也不錯。」哥哥指著厚厚的《六法全書》，「看妳整天都為了案件煩惱，法庭的工作還真是累人。」

「你別以為運動員就比較輕鬆，其實運動場上衍生的法律問題還真不少。」媽咪提醒。

「例如大谷翔平簽署的合約嗎？」哥哥讚嘆，「但現在大家更想知道的應該是大谷新婚妻子的廬山真面目和他練球戀愛的時間管理！」

二〇二三年十二月十日，美國職棒大聯盟MLB日籍球星大谷翔平與洛杉磯道奇隊簽署十年七億美元（約新台幣兩百二十億元）的天價合約。

「日本媒體報導，這相當於二．五座東京晴空塔或二．九座東京巨蛋的建設費用。」爸爸補充，「契約的付款方式很特別，當大谷為道奇隊打完十個球季之後，他才會收到大部分的錢，到時候他大概也接近退休年齡了。」

「這樣可以嗎？」哥哥很疑惑。

運動合約，說起來真複雜呢！包括給付薪資的課稅考量、雙方是否同意提前結束的條件等等，專業經紀人應該要幫運動員找到好的球隊，以及負責規劃簽約事宜。

「看起來是一個不錯的工作……」哥哥看著電視上的啦啦隊女郎喃喃自語。

說著說著，一支左外野的全壘打出現了，只見攝影畫面追著球的弧線，觀眾們紛紛起身騰出雙手，球最後落入一位自備手套的弟弟手上，他歡喜的表情像是中了樂透一樣。

「球團可以依據民法七六七條向他請求要回這顆球嗎？」媽咪殺風景地問。

「喔！拜託……能接到界外球該有多幸運啊！現場看球的一大樂趣，就是這種時候。球員在換局或練習結束時，有時也會應觀眾要求拋球上來喔！」哥哥說。

職棒現場，讓撿到界外球的觀眾帶回去，算是一種習慣與默契吧！「買票入場的觀眾是要看球賽，不是買球，」爸爸說，「況且常常引起大家搶球，也很危險。」

更危險的是，如果棒球打到觀眾受傷了，怎麼辦？界外球飛出場外砸壞了車子，又是誰該負責？

「我一定選擇有擋網的位置，在內野本壘後方。」爸爸說，「看球賽還是要注意安全。」

「如果這樣子比較安全，那乾脆全場都設置擋網吧！」媽咪說。

「全世界沒有一個職棒場地會這樣啦！」哥哥簡直傻眼，「享受視野清晰的臨場感，還有可能接到界外球的樂趣，就要承受遭球擊中的風險，這是球迷選擇到球場看球賽的必然啊！」

話是這樣說，難道沒有其他的改善方案嗎？

法院就受理過這樣的案件，某球場舉辦職棒賽時，有位觀眾的眼睛被界外球擊中受傷，法院雖認定本件職棒大聯盟與觀眾之間屬於消費者保護法的契約關係，但是職業棒球比賽的性質並非有生損害於他人之危險，故沒有民法第一九一條之三侵權行為規定之適用。

「其實，票券上都有註明『球場中請小心飛球注意安全』，在球場內野觀眾席間每隔一至兩根柱子也有張貼『小心飛球、注意安全』標誌警語。」哥哥說。

「比賽前現場廣播，都有提醒球迷注意界外飛球。」爸爸也知道，「一有界外球產生，全場就會響起廣播警告：『界外球，請注意安全。』」

「就像媽媽回家時開門的聲音一響，爸爸就趕快把桌上的啤酒罐收起來！」哥哥馬上聯想。

哼哼哼，是嗎？媽咪比界外球還要可怕嗎？

觀眾被球擊中的案件，法院判決的結果認定：球場的設施已經符合標準，也採取了當時科技以及專業水準可合理期待的安全措施，並沒有違反消費者保護法的規定，所以駁回了觀眾的損害賠償請求。

據說到了第二審，雙方也達成和解了。這事件也促使球團去思索，推廣棒球運動，也要採取更安全的措施保護觀眾；就算是場上的運動員，也承受著意外受傷的風險，所以大家一起做好安全防護、遵守比賽規則、善用保險制度分散風險，更可以享受運動的快樂。

「這個時代，為了心目中的英雄而尖叫狂熱，也是一種幸福。」媽咪看了旁邊的爸爸一眼，感受極深。當初到底眼睛是被什麼遮住，竟然會認為他是我人生中的大谷翔平？

關鍵思考

職業運動產業興盛，我國的運動經紀業也跟著蓬勃發展。運動產業發展條例第四條第一項將「運動經紀、管理顧問或行政管理業」納入該法運動產業的範圍內，但仍欠缺對運動經紀的具體定義。運動經紀人的工作內容包山包海，選手只需要專注在比賽場上，至於跟球團談報酬薪水、接洽代言、形象包裝、添購球具、稅務規劃等工作，則由經紀人負責包辦。球員授予經紀人談判處理的權限，經紀人應該具備相關專業及倫理，才可以促成選手的職業高峰。至於球團與保險公司，應該妥善規劃，讓門票以及商品的收益涵蓋風險的負擔，例如界外球造成觀眾受傷，應如何補償。讓觀眾與球員安心享受每一場球賽，增進全民運動風氣。

投票與自由

今天是投票日，媽媽一早就準備好印章、身分證和投票通知單，敲敲哥哥的房門，「欸，起床了大學生！請履行公民權，盡國民的義務。」

哥哥睡眼惺忪埋怨著：「寒假了，好不容易可以再多睡一下。」

只見爸爸進門來，手提燒餅油條，一身運動服裝扮，「我已經投完票了，早起的鳥兒有蟲吃，不用排隊。」

「爸爸，你穿這樣出去？」媽咪頗不以為然。

「不然呢？要穿西裝打領帶嗎？」爸爸很疑惑，「如果電視台記者去取景，我太帥了搶去候選人的鏡頭，怎麼辦？」

「老爸，不會發生的事，你別擔心，」哥哥也受不了爸爸的過度自信，「我倒是可以穿著潮衣，或許記者會想採訪我。」

你平常穿什麼媽咪不管，今日不一樣，記得，投票日不可以穿著特定候選人的宣傳背心到投票處所。

「你們這些大學生，滿二十歲第一次行使投票權，要好好思考。」媽咪叮嚀，「別搞那些拿著選票打卡、拍照上傳的動作。」

「連做手勢都不行嗎？」哥哥問道。

曾經有位太過熱情的民眾，刻意站立於投票人行走的校門口，並向他人比出號碼的手勢，當場被錄影下來，被認定是違反「任何人不得於投票日從事競選活動」的規定，當然被開罰了喔！

選舉，一定要公平、公正、公開，而且是直接、無記名，每個人投出的那一票都是神聖而平等的。

「公平？我到了二十歲才有選舉權，這樣公平嗎？」哥哥問，「所謂公開，難道就是把選票公開嗎？」

拜託哥哥，別望文生義，這簡單的幾個法律文字，每個名詞都有它的意義與價值。

選舉制度，雖然是用最簡單的「數人頭」方式，卻也是保障個人自由、不被強迫、也不被威脅的情況下，以「無記名」的方式投票，自己擁有絕對的祕密，不必對外公開自己選擇的人是誰，投下的每一票都是平等的。

「可是我常常看到很多人為了選舉，討論得面紅耳赤、激動萬分，絕交吵架。」哥哥搖頭。

關心政治，是公民的責任，公開討論以及交換意見，當然會有不同的看法，為了這個破壞交情，實在很可惜啊。最好是基於理性的立場，尊重彼此的選擇自由。

「自由？我結婚後還有選擇的自由嗎？哪一件事不是妳說了算？」爸爸嘆。

咦？在我允許的範圍內，我讓你享有完全的自由啊！

「問題是媽媽允許的範圍……」哥哥和爸爸兩人同時搖搖頭，嘆了一大聲。

「很多權利是自己爭取的喔！例如選舉人年齡的改變。」媽媽提醒。

我們曾在二〇二二年首度舉行公民複決的憲法修正案，複決是否將選舉人年齡下修至十八歲。結果共約一千一百三十四．六萬選民投票，投票率僅百分之五十九。其中，近五百六十四．七萬人投下「同意」票、五百零一．六萬人投下「不同意」票，同意率約百分之五十三。

「十八歲公民權」成為台灣第一個有共識的修憲案，即使無法達成使選舉權下修至十八歲的結果，整個過程非常適合寫進教科書，是值得記錄的一段法治史。更重要的，民法成年年齡已從二〇二三年一月一日起自二十歲下修為十八歲，在法律上成年人有完全的行為能力，可以獨立為各項法律行為。

「媽咪的朋友在承辦貸款業務，他說非常多剛滿十八歲的學生，都來貸款買機車，」媽咪說，「以前需要父母同意的事，現在都可以自己決定。但是也意味著要自我承擔、負責。」

孩子們，你們都準備好了嗎？

哥哥從外面回來，用視訊電話跟妹妹聊天：「我在投票所看到妳的小學老師，他在擔任選務人員呢！」

每次選舉，都要萬全的準備、規劃，選務人員得集訓、上課，各個投開票所也必須要有警察駐守，選舉結束，立即要開票記票。選舉的公開公正，就是要靠這些辛苦的選務人員一起完成的。

「選務人員一整天都在工作，他自己怎麼投票呢？」妹妹問。

「媽咪不是一再強調戶籍登記的重要性嗎？」是否可以投票，要看戶籍登記資料來認定。一般人必須在戶籍地投票所投票，投票工作人員則可在工作地的投票所投票（選罷法第十七條）。

「那我在國外滿二十歲了，可以通訊投票嗎？」妹妹也在乎起自己的公民權了。

法律不是規定要「直接」投票嗎？這個「直接」，可以衍生解釋或規劃成「不在籍投票」制度嗎？例如，其他國家有採取郵寄選票（vote-by-mail）或提前投票（early voting），甚至電子投票的方式也有。

「如果可以用郵寄投票，那哥哥把我的信件攔截、自己亂寫寄出去，怎麼辦？」妹妹擔心地問。

所以啊，任何一個制度都有它的背景以及形成原因，配套措施很多，不要忘記，除了在國外的國民，還有堅守崗位的軍人，必須值班的醫護人員、監所人員、偏遠地區的各種電力水利設施維護人員、甚至受刑人，這些都是無法在選舉當天，「親自」到戶籍所在地的投票所投票，那麼應該如何保障他們的選舉權呢？

「相信你們新的一代，可以凝聚更好的共識，珍惜選舉的制度，民主不是一天兩天自然形成的，需要公民一起維護，一起尊重。」媽咪語重心長地呼籲，「妹妹，妳還是想辦法回來吧！至少可以吃到朝思暮想的夜市小吃啊！」

關鍵思考

公職人員選舉罷免法和總統副總統選舉罷免法有規定：一、投票日禁止從事競選、助選與罷免活動，例如對投票人點頭示意，比出候選人的號碼；穿著候選人的服裝，與民眾握手並拜託的行為等。或者在臉書、IG、threads、Dcard 公開貼文，並張貼候選人政見、表達對於候選人的正面評價及表達投票意向的文章等行為。甚至在投票日穿特定候選人或標示政黨的服裝、物品等，經場所人員要求離去也拒絕者，將會面臨刑事處罰。至於選舉如何維持公平及公開？不在籍投票制度應如何設計？都需要與時俱進，配合調整。

從偶像之死談扶養義務

爸爸和哥哥開心地一起出門，爸爸手拎一打啤酒，哥哥是手套加上炸雞可樂。想也知道他們前往的地點——大巨蛋看棒球。

媽咪跟妹妹也不甘示弱，穿上好走的運動鞋，水瓶、巧克力放入包包，好隨時補充體力。

「妹妹，我們從頂樓開始往下逛，化妝品很重，最後再去。」媽咪規劃了攻略百貨公司的步驟。

「媽咪，美食街吃完之後我們就分開行動吧！我們要去的樓層差很多，衣服和化妝品……」妹妹為難地說，「我選的顏色妳都嫌，妳挑的保養品我用不起。」

妹妹曾經跟我一起到化妝品專櫃，她看到櫃姊熱心為我介紹的神奇精華液的價錢之後，吐了吐舌頭，默默擺回去。

「妹妹，如果妳的年齡只有我的三分之一，妳用的化妝品價格當然應該只能有我的三分之一。」媽咪如此建議，「否則，等妳到了我的年紀，該要用什麼呢？」

妹妹不以為然地翻了一個白眼。

唉！真是想念以前全家一起出遊的時光，爸爸開車，媽咪看路，哥哥妹妹在後座吃零食聽音樂亂講話。到遊樂場後，兄妹倆指定要媽咪陪著坐雲霄飛車，現在他們的身高早已超過要大人陪同的搭乘限制，是媽咪不敢再嘗試了。

「我正式宣告，以後到遊樂場，我只負責幫你們顧包包。」媽咪最後一次搭乘讓人噁心嘔吐的大怒神之後，已經不願再犧牲自己的安危只為成就孩子的快樂。

「媽咪，妳看這個髮色好看嗎？我想要染這種。」妹妹出示手機內的照片。

「妹妹，如果妳長得跟這位女明星一樣漂亮，染什麼顏色都美。」媽咪真是豆腐心、刀子嘴啊！

這些美麗的韓國女明星，台上光鮮亮麗，其實出道之前培訓了很久，練習各種技藝，出名之後，也有很多困擾接踵而至。

「妳還記得二〇二四年八月，南韓通過的『具荷拉法』嗎？」媽咪想到這個悲傷的故事，不免有些心情低落，乾脆找間咖啡廳吃甜點，順便歇歇腿吧！

「我知道她啊！」妹妹點開影片讓媽咪欣賞。

唱歌跳舞樣樣行，具荷拉紅遍了韓國和日本。但她長期受到憂鬱症的困擾，又與男友發生暴力傷害等爭執，後來竟選擇在家結束生命，年僅二十八歲。

「具荷拉從小與哥哥相依為命，母親在她九歲時就離家而去，沒有盡到扶養兒女的責任。」媽咪說，「父親為了生計到處奔波，都是奶奶在照顧他們。」

最讓人感慨萬千的是，具荷拉過世後，她的母親出面要求繼承遺產。依據韓國法律，子女一旦去世，父母可以均分子女的遺產。

妹妹很不以為然，「我記得媽咪講過，若子女不孝順父母，可能喪失繼承權。」妹妹一向記憶力驚人，難道我在他們小時候常常講這些威脅的話？

「具荷拉的母親並沒有照顧她，憑什麼能繼承她的遺產？」妹妹又問。

現在有愈來愈多的撤銷扶養義務訴訟，幾乎都是子女出面控訴長期離家、疏於照顧子女的父親（是不是該提醒一下爸爸！），年老體衰的父親回頭來要求子女負擔扶養費時，子女便提出許多證據，證明父親從小棄養他們，所以現在也不願意回饋照顧，便要求法院酌定減少或免除子女負擔扶養費用。

媽咪很感嘆，難道家人間也要簽立照護契約嗎？既然不能單純用輩分血緣等倫理觀念要求家庭成員盡義務，只好讓法律來明白規定，父母子女之間，互有照顧扶養的義務，同時也存在著請求對方扶養的權利（我國民法第一一一四條規定互負扶養義務的親屬）。

「撤銷扶養義務的訴訟，就算法院判決可以免除子女的扶養責任，」媽咪邊嘆氣邊解釋，「可是，只有向後的效力。若是父母在安置機構有積欠的安置費用（這是公法上的債務），就要依據老人福利法第四十一條第四項規定，向社會局申請減輕或免除安置費，社會局會邀集專家學者，召開會議審查後決定。」

「反過來講，未盡扶養義務的父母，可以分子女的遺產嗎？」媽咪問。

民法有規定喪失繼承權的事由，例如故意致被繼承人死亡、偽造遺囑、對於被繼承人有重大之虐待或侮辱情事，經被繼承人表示其不得繼承者。

說起來，具荷拉的母親對於她的棄養行為，算是一種重大虐待嗎？就算是，如果發生在我國，還需要具荷拉表示不願意讓她繼承，她的母親才會喪失繼承權。

後來韓國的法院仍然判定具荷拉父親和生母以六比四的比例分配遺產，生母能合法繼承具荷拉的四成遺產。

「後來具荷拉的哥哥發動請願，呼籲政府立法禁止遺棄子女的父母繼承子女的遺產。」媽咪說：「韓國國會於二〇二四年八月二十八日通過名為『具荷拉法』的民法修正案，針對那些未盡扶養義務或有嚴重不當行為的法定繼承人，限制其繼承權，並於二〇二六年一月起正式實施。」

妹妹點點頭，「我理解了。何必等到爭遺產時吵來吵去，應該現在要互相對家人好一點。」

媽咪感動到快哭了，女兒長大成熟了嗎？趕快多選幾件衣服吧，媽咪買給妳。

關鍵思考

民法規定互有扶養義務的親屬是：一、直系血親相互間。二、夫妻之一方與他方之父母同居者，其相互間。三、兄弟姊妹相互間。四、家長家屬相互間。（民法第一一一四條）。

但是一一一八條、第一一一八條之一有規定免除扶養義務的條件，並應向法院提起訴訟。

至於繼承規定，民法第五編規定很詳細，第一一三八條規定，配偶是當然繼承人，除了配偶之外，其他法定繼承人與配偶一起繼承遺產。其他法定繼承人的繼承順位如下：第一順位：直系血親卑親屬，例如：子女、孫子女等。且此順位的繼承人以親等近者優先。第二順位：父母。第三順位：兄弟姊妹。第四順位：祖父母。

另外有關是否得以遺囑指定遺產給特定人、是否會侵害特留分、當然喪失繼承權之事由（民法第一一四五條以下），以及若是繼承人對被繼承人做了重大虐待或侮辱的事情，經被繼承人表示不得繼承時，會喪失繼承權等規定，建議應該列入校園課本內，愈早學習，愈能避免家族糾紛。

爸爸媽媽在忙啥？

以前有個公益廣告是這樣的：深夜的街道上，孫越叔叔語重心長地問爸爸媽媽：「夜深了，你知道你的孩子在哪裡嗎？」

暑假期間，哥哥妹妹徹夜狂歡，爸媽上班前，看到他們還賴在床上，實在很想叫他們起床，問他們：「天亮了，孩子，你知道你的爸媽在哪裡嗎？」

有個日本電視節目，專門貼身採訪專家職人，更特別的是，會將職人的家人暗中接至工作場合附近，從連線螢幕上觀察專心工作的爸爸（咦，為什麼都是爸爸？），孩子們都會恍然大悟為什麼爸爸回家總是累趴了。

我看過的辛苦爸爸，有專門搬建築材料的工人、爬上高聳電塔的接電師傅，以及森林中套繩索攀高的伐木達人。最近的一集，是跟拍擔任船長的年輕爸爸，因為父親早逝，三十歲出頭的船長勤奮努力，獨當一面，半夜出海，乘風破浪。船長爸爸回家時總是嚴肅沉默，三個孩子一見到爸爸就縮回房間，吃飯時也不敢跟他多說一句話。

上船採訪的團隊只說是要介紹職業，沒有透露孩子們正透過攝影機同步觀看。「……捕魚工作很辛苦喔！孩子們呢？」記者提問。嚴肅的船長突然面露微笑：「孩子們可愛啊！」（在旁窺視畫面的孩子們一臉驚訝），豐收回港，等待的家人突然一擁而上，船長很吃驚，隨即恢復正常，把一箱箱魚貨送進冷凍庫、分類、收拾漁網，孩子們也主動幫忙。

回家後，餐桌上的氣氛好像不太一樣了。孩子問了一些關於捕魚的問題，十四歲的女兒未來的志願是要跟爸爸一樣當漁夫，兒子幫爸爸放好洗澡水，還要幫爸爸刷背。媽媽一逕在廚房忙進忙出，臉上的笑容似乎更明顯了。

「欸！起床起床，」看完節目的媽咪隔天大呼小叫催促著：「哥哥妹妹，找一天你們來演『一日律師』，看看爸爸到底在做什麼。」哥哥妹妹睡眼惺忪，搞不清楚發生什麼事。

「我是說，你們都不知道爸媽的辛苦，乾脆弄一個隱藏式攝影機，讓你們看看爸媽一天的工作情形，這樣如何？」媽咪建議。「拜託不要……」妹妹的白眼翻到天邊。「如果大谷翔平願意讓我跟著他一天，我什麼都願意！」哥哥眼睛發著光。

原來，世界上最遙遠的距離，是爸媽與孩子的心啊！

「哥哥啊，起碼你是法律系的，總該知道這個穿著綠色法袍的人是誰吧！」媽媽指著電視上的熱門影集預告問哥哥。「當然知道啊！」哥哥胸有成竹地回答：「公設辯護人。」

是的。有些刑事被告涉犯重罪、無資力、或因精神障礙或心智缺陷無法陳述、或具原住民身分，以及其他原因無法聘僱律師當辯護人時，國家會提供刑事被告一名辯護人以維持他們的權利（參考刑事訴訟法第三十一條）。這部影集，就是在描述公設辯護人為移工被告辯護的事。

「看起來是史萊哲林學院的學生袍啊！」妹妹皺起眉頭評論。妳仔細看看，法庭上的每個人穿的法袍顏色都不一樣喔！

「鑲白邊的黑色法袍，就是律師。」爸爸趕快解釋。「我知道，媽媽常常說你把黑的說成白的，就是這個意思。」妹妹回應。

欸，妹妹，別誤會，雖然妳爸爸巧言令色、狡詐好辯，但這只限於他擔任老公角色的時候。認真盡責的律師（辯護人）是法治制度上很重要的一環，所以叫做「在野法曹」。

「在野？右外野還是左外野？」哥哥回答，「是很重要的守備位置喔！」

在法庭上的三角形位置上（原告、被告、法官），律師是守備者也是攻擊者。無論是民事刑事或偵查程序，參與訴訟者，原則上都可以為自己選任辯護人（或告訴代理人）。

「就像是選手需要教練，上場的時候，需要專業技術的指導。」爸爸解釋，「無論案件是否進入法庭，都可以請專業的律師來協助維護權利。」

媽咪最常被親戚朋友問到的就是：「要請哪一位律師才可以勝訴啊？」無奈地搖搖頭，我心中最常的OS就是：「我連選老公的眼光都這樣了，你們還信任我推薦的律師嗎？」（依據法官法及法官倫理守則，媽咪當然不可以隨便回覆法律問題，更別提推薦律師了。）

「到底該怎麼判斷選擇呢？」妹妹很擔心。妹妹，我覺得妳挑男朋友的眼光才需要注意一下吧！「很簡單啊，挑男朋友前，帶來給我面試一下就好。」爸爸回答。

其實，嚴格講起來，律師也有專業分工，在選擇委託案件之前，可以詢問一下是否有承辦類似案件的經驗，許多大學的法律系都設有法律服務社，提供免費的法律初步諮詢，「自己的案件，還是要花時間瞭解，不可以人云亦云。」媽媽建議。

媽咪在導覽參觀法院時，學生們對於法袍的顏色都很清楚：藍色代表法官、黑白是律師、紫色是檢察官。至於紅色的法袍，我都會給予提示：「什麼時候我們會用大紅色表示喜氣呢？」

「我知道了，結婚的時候，公證人！」有孩子馬上回答，真是聰明。「那旁邊這位穿綠色法袍的呢？」我繼續問。「……我懂了！是離婚的時候要穿的！」孩子忘情地搶答。

關鍵思考

律師或辯護人在法庭的角色？什麼時候需要聘請律師？法庭的設備以及各個角色的功能，從小就應該學習，走入法院，瞭解法院，是建立法制社會的第一步。

何時可以聘任律師保護自身權益？強制辯護的範圍有哪些？家境清寒無力聘任律師時，應如何找到救濟管道？可參考「法律百科」網站，或洽詢各縣市法律服務基金會。

理想的一天

身為大學生的哥哥正在準備期末考，人在國外的妹妹已經開始準備度過耶誕假期。媽媽只好練習兩個時區的生活，跟哥哥吃早餐，順道打視訊電話給妹妹，雖然她那裡的月亮正掛在天上。

「現在無論相隔多遠，講視訊電話都可以見到人，以前遠距離戀愛，困難重重，堅持到最後真是不容易。」媽媽不禁感嘆。

科技時代，上課、開會都能運用網路，疫情期間，法院也施行視訊開庭的應變措施。哥哥在學校的課程幾乎都有錄影，可以隨時回放、仔細做筆記，真是幸福。

「期末考前還會有助教幫忙複習，這堂課我是絕對不會蹺的。」哥哥說。

什麼啊？意思是教授正常上課時你都不在？

爸爸西裝筆挺地從房間走出來，問道：「什麼蹺課？誰蹺課！」

「沒有沒有！爸爸你穿這麼帥，要去哪裡？」哥哥顧左右而言他。

「今天根本行程滿檔。」爸爸說，「早上要去告別式鞠躬，中午是高中同學會，下午和國外連線開會，晚上朋友孩子結婚。」

趕快把爸爸送出門，媽咪不禁羨慕，當男生多方便呀！一套西裝走遍天下，頂多換個領帶顏色，就可以配合婚喪喜慶等場合。如果是媽媽要出席這些場合，勢必要不同的裝扮才行。所以啊，我常常去逛百貨公司也是情有可原，很辛苦的……

「媽咪，別找藉口了，妳又不是每天都有這樣的行程！」妹妹隔著半個地球，被吵醒講電話，口氣不怎麼開心。

每一天睜開眼睛，我們都要仰仗很多人的善盡職責，才可能順利地生活。早餐店的阿姨得提前好幾個小時就上工，否則熱騰騰的蛋餅、豆漿哪裡來？公車或捷運需要準時的駕駛員及站務人員才可以啟動；馬路上累積整晚的落葉和垃圾，要靠清潔隊員將它們清掃移開。而辦公室的清潔阿姨、警衛人員、外送員，或是戶役政等政府機構的公務員也要各就各位，更別提醫護和軍警人員，統統要在崗位上待命。

「整個社會運作，可以說是一環扣一環，需要互相配合，」媽咪特別感慨，「我在開庭的時候，一個案子接一個，簡直就是一日之內看盡生老病死。」

例如，第一個案件是孕婦生產的救濟事件，然後是幼兒園因為設施缺陷而勒令停業，再來是國小老師是否涉及不當管教而被停聘，接下來是參加專門技師考試質疑評分不當而提起的訴訟，然後職場性騷擾霸凌事件、勞保事件、都市更新計畫事件、稅務案件，還有子女被社會局催討早已失聯的父母在安養院的費用……

「媽咪，妳講得我都頭昏了，」妹妹抗議：「到底妳在法庭上看到了什麼？」

媽咪看到的，就是人生的故事啊！

媽咪工作的行政法院，處理的大多是人民與行政機關間的訴訟，其他的民事、刑事、少年、家事庭的法官，面對的案件，何嘗不是人生百態？原告帶著他的訴求進來法庭，被告何嘗沒有他的委屈？誰都希望得到事實的真相以及公平正義，「我整天都穿著一樣顏色的法袍，但是面對的，卻是百樣的人生。」媽咪感嘆。

「媽咪，我們學生也是一樣面對不同的教授、同學，還有寫不完的作業啊！」妹妹在撒嬌。

就像四季更迭，時序漸進，各階段都有我們必須完成的任務。「現在會哭著埋怨的事，總有一天可以笑著說出來。」媽咪鼓勵著妹妹，「我都是這樣給自己心靈雞湯呢！」

「雞湯？我真的好想喝熱騰騰的雞湯啊！」妹妹哀號。

那妳就上網學做雞湯的方法吧，網路可以解決一切問題，不是嗎？

「我覺得走路去餐廳吃比較快，」哥哥建議，「要不然妳就回來吧，媽媽——」哥哥斜眼看著我，「她會去——買給妳吃。」

是的是的，術業有專攻，媽咪的廚藝基本上就是足夠煮泡麵加蛋，何況爸爸也說過，媽媽煮的泡麵是全世界最好吃的呢！

「爸爸如果不這麼說，在家裡連泡麵都沒得吃吧。」哥哥小聲地說。

要不是你爸爸還會寫幾句噁心的話灌迷湯，這二十幾年的婚姻如何維持下去呢？唉，都怪我年少幼稚，想當初……

「媽咪，妳理想中的一日要怎麼過？」哥哥實在是個轉換話題的高手，跟誰學的啊真是。好吧，各退一步，妥善解決紛爭。

「我最喜歡的，就是進辦公室，看到桌上當事人遞進來的撤回狀，說著因為多方思慮之後，決定要與對方和解，不再興訟。」媽咪說，「或者是我當庭勸諭雙方，當事人願意接受我提出的和解方案，簽署和解書，握手互相鞠躬後離開法庭（並且永遠不再進來）。」

當然還有就是，社會平靜安詳，理性對話，就算有紛爭，也可以選擇去鄉鎮市調解委員會聲請調解；不管是勞資雙方的紛爭、家事離婚或監護權等案件，只要大家願意心平氣和面對面坐下來溝通，都有調解委員可以幫忙。

「媽咪，妳跟爸爸都是法律人，還不是常常在大聲『交換意見』，總要小黃叔叔來家裡『調解』？妳別想著天下太平，先把家裡搞定吧……」妹妹殘忍地說出真相。

好好好，新的一年就快到了，媽咪一定會努力的。妳看我不就把埋怨爸

關鍵思考

有紛爭進入法院，不見得就是在法庭上針鋒相對，還可以進行調解。依照民事訴訟法第二編第二章規定，有「強制調解事件」及「任意調解事件」。民眾在起訴後，必須先經過調解程序。只有在調解不成立的時候，案件才進入法院的訴訟程序審理。包括：（一）有關不動產利用權利的相鄰關係紛爭、（二）不動產界線界標紛爭、（三）不動產共有人間關係紛爭、（四）建築物區分所有權有關共有部分紛爭、（五）不動產租金或地租增減紛爭、（六）定地上群期間或範圍或地租等紛爭、（七）道路交通事故紛爭、（八）醫療事件紛爭、（九）僱傭契約紛爭、（十）合夥關係紛爭、（十一）特定親屬間的財產紛爭、（十二）其他依現行規定，訴訟標的金額或價額在新台幣五十萬元以下的財產權紛爭。

依照鄉鎮市調解條例也可以聲請調解，限於民事事件及告訴乃論的刑事事件。勞動事件法在二〇二〇年一月一日起施行，採調解前置主義，原則上勞動案件在起訴前，要經過法院勞動調解程序。還有消費者爭議、性騷擾爭議、消費金融案件等等，均有相對應的調解規定，請善用「調解制度」解決紛爭，節省時間勞力費用，達到雙贏結果。

輯四

領航父母勿迷茫、自在人生再成長

探索法官的多重人生
——專訪中年過動偶爾瘋狂的章魚法官

採訪／許馥阡、賴好宣
撰文／許馥阡

前記

捷運駛過基隆河，波光粼粼的河面映著萬里蔚藍晴空。福國路畔高聳的台北高等行政法院建築物門口，張瑜鳳法官微笑熱情相迎，如同冬日暖陽。

進入法官辦公室，成堆成箱的卷宗映入眼簾，但更讓人驚訝的是滿櫃的章魚玩偶，嚴肅的辦公室頓時化為溫馨的場域。窗外遠處陽明山景綿延，對應著辦公桌上堆疊的案件，綽號「章魚法官」的張瑜鳳法官爽朗笑聲不斷，有別以往印象中莊重嚴肅的法官形象，這位幽默親切的大學姊，侃侃而談她的人生經歷與看法。

法途初探

回首法途，法官在高中時的數學成績總是在及格邊緣，連帶的對於其他理科的信心不足。最終選擇一類組（社會組）就讀。當時她的第一志願並非法律系，而是新聞系。她的內心相信發掘真實及文字的力量，後來發覺，若同樣要探求真相，追求公平正義的法律似乎也能達成探求真相並透過文字造成影響的效果。選擇法律的原因，並非看了某一部電影或作品而受到感動或啟發，也並非自己、家人受了不平之冤，期待藉由學法律來保護或申冤。而是單純的想要探索法律的遊戲規則，是如何治理社會（rule the world），試圖理解法律是否是一個讓世界秩序更好的工具，否則為何從古到今的人們對於法律如此重視，並認為其具有一定的功能和意義？

在台大法律系懵懵懂懂地一路念了四年，寒暑假大多花時間在山上服務原住民小朋友，參加法桌（法律系桌球隊）以及各種球賽，也是法律服務社的一員。一路上的學習與收穫，促使她繼續攻讀法研所。對她來說，法研所才是法途真正的開始。當時的國家法律可說是百廢待舉，有許多領域都等著國家以法律制度來規劃。張法官跟隨廖義男老師、劉宗榮老師共同研究不動產交易法、公平交易法等，她回憶道：「就跟著老師學習，看國外的學說，然後一條一條法條（看）。我們上課就是在立法條……同學們和教授共同把一部法律訂立出來的感覺，引起我對法律的興趣。」此外，研究所一學期一報告主題的上課模式，也使得她有機會在徐州路法學院陰暗的地下室中，埋頭翻找過去老師曾提及的文獻或國外學說，從寫報告、討論中發掘法律的真相與功能到底為何。

張法官於研究所二年級時考上司法官，沒有立即去受訓，而是選擇先撰寫碩士論文，並在剛成立的公平交易委員會中擔任兩年副主委機要祕書。在兩年的委員會議旁聽的經驗，看見經濟學者的分析角度與法律學者的論證思辨，不同領域專家學者的意見交鋒，跨領域的結合交流更是拓展她的視野。跟著廖義男老師到全台各個法院辦理巡迴講座，介紹公平交易法施行以後對法院實務運作的影響。這趟旅程，張法官相當於是親身經歷一部法律的制定，看著國家成立一個新單位，共同思考如何推動新的法律以及政策形成，使得張法官對於法律有了更接地氣的體驗。

選擇法官之路

有著喜愛嘗試、挑戰多樣事物的性格，張法官一開始認為自己的法官生涯並不會維持太久，她認為自己的個性似乎不適合法官這份工作，因為她傾向於接觸各種行業，只是將審判工作視為其中一個選擇。然而，真正開始審判工作後，每一個案件背後，都是一個行業、一個人甚至更多的故事。從刑事庭、民事庭到現在行政法院的辦案經驗，當事人們的人生故事都在法院裡集結成冊，對她而言，法官正是看到社會現象的一個方式、一個舞台。恰恰符合張法官喜歡探索，嘗試新事物的個性，同時達成透過文字發現人類事件真實的目標，法官工作其實恰好滿足所有理想的要素與條件。

此外，張法官也遇到人生的大事件——結婚。她的先生是一位忙碌的商務律師，且生涯目標相當肯定的只要成為商務律師，那法官呢？她一方面想要成為一位母親，同時也想要發展個人的事業，在當時，她認為或許當法官可以兼顧這幾個角色，因為在照顧小孩的時期，法官似乎是一個穩定、固定的工作，在某程度上能夠自由安排庭期時間，相對能夠擠出陪伴孩子的時間並完成家務。「或許喔，只是或許。但結論是很辛苦。」張法官坦言。

多個角色的取捨與切換

「世界上不是像迴轉壽司，一盤一盤按照順序來，你要拿就拿，不是的，它是同時一大堆事情一起來，必須把它 settle down。」

對於張法官來說，她尋找自我優先順序的方法：「用五十個字自我介紹，第一個會說出的自己是誰？」張法官常常如此自問。她最先提及的是兩個孩子的媽，也就是母親的角色。第二個是家人，也就是妻子、女兒及兄弟姊妹。最後是同學朋友、好兄弟或好閨蜜。事情、角色一多就需要開始意識到自我的定位為何，才能夠做出最符合自身原則且不會後悔的決定。

法官是一個自由有限的行業，如果今天小孩子有突發狀況，又必須要開庭，母親與法官的角色身分就會有衝突。況且，法官作為一個責任制的工作，在完成許多家事後，仍要持續埋首於卷宗當中。實際上，女性法官占全台灣法官人數百分之五十二到百分之五十三，早已經超過半數，女性法官（職業婦女）如何去兼顧多重角色是長遠的議題。不是每個人都要選擇婚姻，也不是每個人都要選擇當母親，但每個人身上終究背負各種角色，任何一個崗位上的人都會碰到角色衝突，這是一輩子都要學習的課題。她認為人應具備多樣化的面向，不需要因為法官工作（職業），就要將生活單一化，如果以「對不起我是法官太忙」為理由，拒絕其他的社交、活動或是要放棄自我追求，例如同學會、親戚聚會，或是作為一個母親，那豈不是太可惜了！

從學生的角度來看，社團、學業、打工、戀愛就已經占據生活的大部分，張法官認為大學階段的法律系同學們的生活天秤無須全部倒向學業，大學四年都待在圖書館一整天刷題目、讀書，法官認為這樣的生活方式過於不平衡，人生不是工廠，無法將一件一件事情放在生產線上處理。其實每個人都具備多重身分，要在大學階段中不停試錯，逐漸學會轉換頻道，可以於下一刻轉換成不同的角色，發展各個面向的自己，織出一個可以接住自己的生活網。

真實的人生是多線並行的，時間永遠都只有二十四小時，此時優先順序要怎麼排，是我們無時無刻都需要學習的課題。如果人生只有一套劇本，茫茫的人生旅途中如何適應多變與難以預測的事件，若是能夠以開放的心性及勇於嘗試的態度接受每個階段的事件與改變，就會發現人生正因這些未知和多樣而變得充滿趣味。

法途風景

將近三十年法官生涯當中，張法官分享她曾有三度想放棄審判工作。第一次是在第一個小孩出生的時候，雖然上一代願意幫忙帶小孩，且家中的經濟也有能力聘請保母協助照顧，但她當時真的不願錯過孩子成長的每一個重要時刻。不過，當時的她擔任法官不到十年，一方面覺得工作不夠成熟，另一方面是家人給予她很多支持，無論是行動上或是精神上的支援，使她決定繼續擔任法官一職。

第二次是兩個小孩逐漸長大的過程中，又再度動搖了張法官的想法，對她來說，母親的身分是最重要的。因職業的緣故，她無法經常陪伴孩子，有時會感覺自己沒有盡到母親的責任。不過，張法官也很清楚地認識到身為母親並不必然要為孩子的發展感到自責，有時適時地承認自己的不完美，並適當地放手才能夠讓這些獨立的生命個體完整地成長。所以在她的生命歷程當中，她一直都在家庭與工作間掙扎，但正如她所說，生活不是對錯分明的選擇題，她只能在能力範圍內給予孩子們愛與關懷。

在這樣一個蠟燭兩頭燒的情況下，女法官前輩的身影是張法官力量與支持下去的動力之一。訪談前一週（二〇二五年一月十七日）是女法官協會成立三十週年，張法官遙憶創會的前輩們，在司法官學院一期六十人裡面只有兩位女性的年代，當時女法官的處境相對更困難、嚴厲，不過看見她們面對案件與生活的態度、歷練，是她在面對家庭與工作間角色衝突時，一個強力的精神支持，相信自己也能夠一肩擔負起兩者的責任與挑戰。

然而，隨著孩子們的成長，她迎來了空巢期，面對日益繁重的審判工作，寫專欄文章成為了工作結束後的犒賞。有別於固定格式、需要耗費大量腦力的判決，專欄、法律普及文章提供張法官一個自由暢寫的天地。再加上外界琳琅滿目的寫作邀約信，包含劇本、小說、法普專書等，她心神嚮往這種創作的自由。此時，孩子已然離巢，且面對審判與創作有著截然不同的心境，追求多變、多樣與自由想法湧出，促使張法官開始思考：「我到底要成為一個怎樣的人？」「我要把我的人生繼續這樣分配嗎？」

「你哪裡快樂，哪裡去」來自張法官先生與孩子們的支持，給予她勇氣去追求真正感到快樂的事情，她永遠都有選擇往哪裡走的自由，這也使張法官認真地說道：「辭呈隨時都已經準備好了。」只是，張法官並不排斥審判工作，也從中獲益良多，又考量到現今法院的人才流失相當嚴重，每個月的案件量是她三十年前進法院的好幾倍，法院同仁的案件量更是會因為她的離開而增加，有感於國家賦予的義務與責任，只好暫時選擇留下為司法界服務。

文字的啟蒙與力量

「判決之末，創作之始」，每一次選擇留下以後，支撐張法官的就是文學與創作。在滿山滿谷的卷宗旁，書櫃仍會有一方天地留給詩集與散文，每當她悠遊於文字之海時，亙古不變的人性將會自文字浮現於心，而有千古共感的感慨。從唐宋詩詞到現代散文，都重新讓人直面人性的多面向及情感的衝突、善惡糾結與醜惡的陰暗面。訪談中她提到南非大法官奧比・薩克斯的著作《斷臂上的花朵》，正正寫出了理性判決產出的過程裡，法官們腦中、心中的思考交鋒與情感上的搖擺掙扎。藉由文學，張法官每每在審判瓶頸之時，才得以排解「念天地之悠悠，獨愴然而涕下」的孤寂感，持續於深夜挑燈書寫。

寫作的種子於六年前的某一天破土，張法官在因緣際會下受到《聯合報》編輯邀請撰寫家庭副刊專欄，透過她幽默風趣的文風，默默將法律概念「置入性行銷」給讀者。與此同時，也默默記錄孩子們的成長，從國小階段的童言童語到大學出國念書，與讀者們共同見證家庭的成長與變化，光陰匆匆，兩本著作已然誕生。記錄之外，讀者的回饋也是鼓勵張法官創作不輟的主因，她發覺原來講故事能夠拉近民眾與法律的距離，在法律介入之前，就在大眾心中種下一顆向光而生的種子，並且藉由專欄開放性討論承辦案件中所觀察到的重要議題，進一步促使大眾思考並創造理性對話的空間，以另外一種方式關心社會脈動，成為「接地氣」的法官。

創作對於張法官本身而言，又是代表什麼呢？法官時常看見人性的陰暗面與社會的邊緣地帶，然而，法官就如同河道的下游，只能處理當事人在訴訟期間浮現的問題，法官的職責就是認定事實、適用法律，做出一個決定，劃出一道分水嶺。當他們踏出法院後，他們的人生難道就和法官毫無相干嗎？從事審判工作多年的張法官從就任第一天起到現在仍被深深困擾著。理性思考的判決背後，都是充滿感性的衝突與掙扎，但是這些蓬勃的情感無法也不能隨意流露於判決之中，對她來說也許只能夠在創作中宣洩。

「今天我坐在刑事庭的台上，被告坐在下面，他可能剛從看守所出來，手銬被解掉了坐在那邊。當大家都陷於人性的灰色邊緣的時候，其實我跟他也差不多，可是為什麼那一刻我會選擇往這邊走，他選擇往那邊走？」

種種疑惑與衝擊，使得張法官想要於判決之外，提筆挑戰善惡邊緣、人性陰暗面的小說創作。從事審判工作時，縱然法官也不一定能夠成為將事實看得絕對清楚的人，更何況是身陷其中的當事人。因此，她希望透過此種作品傳遞給讀者的是謙卑——對人性的謙卑，生命個體的形成都交織著各種因素，世界上沒有絕對的善惡之分。無須站在個人正義的制高點批判他人，唯有同理與自省才能更好地幫助社會融合與進步。

跨領域讓路更寬廣

「跨領域應該是要讓生活更寬廣，而不是讓我們更心急。」張法官話音剛落，對我來說如同當頭棒喝。現代學子經常對於未來感到焦慮，即使看似有特定國考目標的法律系學生，未來仍有太多選擇。是否準備研究所、加碼學習考取財金或者其他專業執照、增加第三外語的能力等等，這些試圖讓自己更有競爭力的想法固然可貴，但是不要忘記，基本的專業素養先穩固了，再去談其他的斜槓發展。我們現在太習慣去計算試錯的成本與投資報酬率，但人生並不是一個公式就能夠去衡量的，走過的路都會留下足跡。

張法官所看見的跨領域不僅止於學術，「例如表演、音樂、各種藝術活動也是。」她舉例，或許玩音樂的過程當中，剛好就與產業界接軌，娛樂公司、智慧財產領域也需要法律服務，又恰巧融合自我興趣，興趣與經濟收入的結合是許多人夢寐以求而求之不得。然而這些機緣並非憑空想像而來，所以她鼓勵現在的學生們憑著真心去探索，不知道自己要什麼很正常，要給自己多一點時間與空間，嘗試擴展未來的無限可能，或許正因為她當初懷抱著開放的心態，寫作之旅才得以啟程。

來自大學姊的話

「千萬不要懷疑我們曾經的學習，這些東西在日後都會逐漸顯現出它的價值。」許多台大法律系的學生常常執著於應屆上榜的光環，捨棄一些可能的機會，例如出國交換、各種實習以及社團活動等等。但就張法

當天訪談合影（右一：張瑜鳳法官）。

官的個人經驗來說，雖然沒有應屆考上司法官，她在公平交易委員會的經歷是提早兩年進入法院也學不到的，能夠進入行政法院中，有部分原因是因為她在公平交易法領域的鑽研與探索。最重要的，「學法律是教我們要學會謙卑」，法律絕對不是拿來彰顯自我優越，而是幫助我們去思索，如何在各項利益權衡之下，適當地把我們在法條內學到價值衡量過後的結果，應用於當下事件，讓事情獲得妥適的解決。「別把法律只當成一個工具，它是一把很利的劍，它會不小心傷了別人，也傷了自己。」大學姊叮嚀的口氣，就像是一個慈祥的媽媽。

＊本文原載於台大法律系二〇二五年杜鵑花節——《法途》網站

我不是天生的章魚媽媽

從小到大，「章魚」這個綽號就跟著我，起先是因為名字的諧音，僅稱呼前兩個字，就順理成「章」（張）「魚」（瑜）。再來則是個性外向，爬山跳海，荒郊野外，球場彈子房都跟著三個哥哥跑，爸爸常跟媽媽抱怨，他希望家裡能有一個安靜嫻淑乖巧的女兒：「叫妳生一個女兒，妳卻生一個半公半母的！」

聽說章魚有八隻手（腳？），那我就物盡其用，左手拿球拍，右手一定要拿筆，還有一隻手吃飯、一隻手看書、一隻手種花、一隻手拿洋娃娃，一隻手牽著男生……我以為我可以遊刃有餘，卻常常讓八隻手腳纏繞一團，進退兩難。還好幸運的我，在成長的過程中，遇到了無限包容我的父母兄長，鼓勵支持我的老師、同學、朋友，深海中的章魚可以走向陸地，拾起最愛的一枝筆，通過考試、找到工作、突破追尋自我的種種關卡，在忙碌的生活中，以團團轉的八爪章魚自居。

所以，理所當然地成為「章魚媽媽」，好像也是水到渠成的事。

兒子女兒相繼出生，雖然早有準備要成為蠟燭兩頭燒的職業婦女，卻也在一次次面臨崩潰中，拋下卷宗問自己：「到底妳比較在乎法庭、還是家庭？」也在硬撐眼皮陪兒子講睡前故事時，不耐於他要求再多講兩個故事的耍賴，拋下繪本對他大喊：「我也要有我自己的人生！」（我永遠記得三歲的他可憐無辜的眼神，怯怯地問我：「什麼是人生？」）

我的爸媽全力投入幫忙照顧孫兒的工作，坐月子期間，老媽照三餐煮麻油雞、燒薑水給我沐浴，老爸一早就到房間抱走嬰兒好讓我睡回籠覺。產假結束回歸上班後，我十分安心地讓哥哥給阿公阿嬤照顧，跟兒子的爸爸一樣每天早出晚歸，尿布奶粉濕紙巾都是阿公開車去大賣場搬回來（當時宅配 UBER 並不流行），前半年還在親餵，六人共用一間的辦公室哪有空間讓我擠奶？（當時尚未規定設置育嬰哺乳室）最常去的就是電腦室主機房，因為可以上鎖，保持讓電腦冷靜的低溫空調，當然也賜給我裸露半身的雞皮疙瘩。母乳袋上要寫時間分量，跟一些雞鴨魚肉貢丸義大利麵一起放在公用的冷凍庫。傍晚時間常常跟女同事在走廊照面，見她披頭散髮提著大包小包奔跑，就知道必定是趕著去保母家或者幼兒園接小孩。法院舉辦的三天兩夜的外地研習營好想舉手報名但是馬上又縮回來，媽媽出外那幾天的晚上，誰幫孩子換尿布泡奶？

當然，家庭的每個分子都竭盡所能地幫忙，爸爸拚事業出差熬夜也很辛苦，他的青春體力都化成養育孩子的原料，「有奶便是爸」也說得通。沒有三代同住的小家庭，只能狠心當個「假日爸媽」，把孩子往南部鄉下丟（講好聽是「安置」），且讓阿公阿嬤不會無聊，其實內心仍有糾結：「爸媽老了，體力行嗎？」「鄉下蚊子多，會不會得登革熱？」看到婆婆媽媽把肉片丟入自己口中嚼碎後再塞入孩子嘴裡，還跟妳熱心分享：「這孩子就是喜歡吃肉！」就算是親生女兒也會驚聲尖叫起來：「媽拜託有點衛生概念好嗎？」

「你們全部都是這樣被我養大的！」媽媽瞪大雙眼斥責回去。

然後孩子大了，懂得認人。每週日晚間哭哭啼啼的生離活別開始上演，如果孩子冷漠地無視於父母的離開，又讓人心碎。終究要面臨帶回家自己養的階段，開始找安親班，打聽哪兒有保母，白天被通知孩子發燒時，到底是爸爸還是媽媽要請假回去照顧？

很長一段時間，我在街上會注意的，不是挺著大肚子的孕婦，就是雙手擒住躺在路邊打滾哭鬧不休孩子的無奈爸媽。至於在餐廳裡，輪流搶時間吃戰鬥飯的立吞技巧，更是爸爸媽媽的絕活；不能缺席的學校運動會、親師會、母親節園遊會、校慶活動、畢業典禮、高中會考、大學學測……等等！此時的我一手端著咖啡、一手翻閱雜誌小說（或者握遙控器追看韓星影集），到底是怎麼樣熬過這些時刻、一關一關打敗大魔王而成功地抵達此時絕美的空巢境界：孩子遠離、恢復自由。

養小孩，真的都是苦難負擔繁瑣的過程嗎？夜深人靜看著他們熟睡的天使面孔，忍不住讚嘆生命的奧妙，真的必須要逼自己成為強大的女超人才能完成育兒任務嗎？那些抱怨老公的五十萬字從沒少過，跟姊妹淘互通有無的哄兒妙招、洗滌神器或者團購打折，任何風吹草動的病毒都爭相警告提醒，期待著有薪育嬰假的政策從來就沒有實現過，公園裡玩沙場旁水龍頭沒水爸爸媽媽一起罵政府罵立委罵總統的同仇敵愾，所有的父母都要經歷過這樣的階段：不敢說後悔，只能心甘情願地承受，但是絕不願意再重來！

身為母親，因為孩子而開啟跟社會連結的視窗，以及喚出心中那個深藏的兒童而有種種人生新體會，似乎讓我覺得，媽媽的忙碌就是天職，忙碌的媽媽應該獲得更多的體諒（與感謝），或許有時候忍不住倒出一堆酸水與怨言：「我這麼做都是為了你好！」「我不做、誰可以做？」「這樣子不行……唉～沒有我，你怎麼辦？」「（各種尖叫……）啊啊啊！放下放下，你不要碰。」（然後就是杯碗瓢盆到地碎裂的聲音），「我早就說過了，你偏不聽！」

不知不覺，這些聲音，彷彿是學生時代週會的訓導主任宣言，以為是好心提醒或者事前警告，想說給大家聽（還是在刷存在感？），其實，飄過家人耳邊的嘈嘈唸唸，根本就是媽媽自己給自己的勳章，就是要證明：我是一隻無所不能的章魚，我有八隻手，才可以完成這些任務，你們怎能沒有我？我是章魚媽媽。

然而，手忙腳亂的章魚終有頓悟的一天，當我不得不承認：一天只有二十四小時，一個人所該做的、所能承受的事情，是有限度的。水庫滿了就會溢出、壓力破表只會失控失衡，不是每個人都應該跟著妳團團轉，自以為是的付出，逞強不服輸的個性，不願卸下擔子求助他人的我，終於領悟：我是媽媽，但我不應該變成章魚媽媽。

每個女生都曾經有一雙能幹的手，可以推開窗戶迎接世界，可以手持畫筆、切菜剁雞，也可以雙手並用滑雪登山、投籃打高爾夫。章魚媽媽們想要證明「我是女生，我也可以。」「我是媽媽，我更可以。」「我是單親媽媽，我必須可以。」為了靠自己兩條腿站穩，媽媽們好像要付出更多的力氣，所以不知不覺中，長出許多隻手。斜槓他業的手、被情勒的手、安撫他人的手、兼職的手……我們緊緊抓住認為自己可以獨力完成的事，不願意增添他人麻煩，更不願意吐露自己已經疲憊的事實。

原來，我是當了媽媽之後，才變成章魚。

如果養育子女，有家族的人可以支援幫忙，就放心地讓他們一起來吧！無論是孩子的爸爸、阿公阿嬤、叔公嬸婆、舅舅叔叔，大家一起來，孩子是家族樹幹的衍生，一起珍惜，政府國家也不能袖手旁觀，育兒福利預算要大過國防，對於孩童照顧，從搖籃之前就要開始（凍卵、營養補助、友善孕婦的設備環境），廣設幼兒園、補助培育保母人力、各種學習課程的優待，充分的生活扶持，讓每一個新生命都妥善地被接納。這個社會如何對待兒童，就會如何對待（像我一樣即將成為的）老人。隔鄰聽到幼兒哭啼，要有警覺付出關心，提供通報協助的機制，不要再出現受虐兒的殘忍畫面。教育環境要包容並接受每一個孩子的獨特性，就像春天裡百花盛開的田野，讓每一朵花一株草都可以找到他安生立命的位置。

但是，撇開這些政策制度，真正需要安頓身心的，正是千萬個陷在育兒困境的「章魚媽媽」們。

土耳其女作家愛詩勒・沛克（Asli E. Perker）和白烏鴉獎畫家埃茲吉・凱爾斯（Ezgi Keleş）聯手創作了一本療癒系繪本——《章魚媽媽》（土耳其書名 *Annepot*、英文書名 *Octomon*）（遠流出版社），我是流著眼淚看完的。

小男孩發現媽媽有八隻手，他決定每天記錄媽媽的樣子。第一天因為要搬家，家事公事一起來，媽媽累極了。

搬回爺爺奶奶家後，在隔壁鄰居叔叔幫忙換燈泡的同時，媽媽少了一隻手。奶奶做了晚餐，媽媽在餐桌上吃飯，又少了一隻手。孩子分擔學習各種家事，阿姨輔導孩子功課，爺爺負責送孩子去學校，媽媽逐漸只剩下兩隻手，終於可以跟孩子一起坐在沙發上，握著遙控器一起看影集。

最後，孩子窩在媽媽雙臂中，慢慢地入睡了。

明明是可愛溫馨的繪本，怎麼會讓我嚎啕大哭不止，本來握著咖啡杯的那隻手改抓條毛巾，抹去那淘淘如江水的眼淚？

怎麼有人完完全全知道身為母親的困頓與無奈？

怎麼有一個故事鉅細靡遺描述我的生活？

怎麼每個畫面都如此熟悉？

那些自以為是的時刻，為了面子為了裡子硬是咬牙做完的事，當我嘮嘮叨叨地在抱怨：「我好累，你們都不知道我做了多少事。」看似無感且冷漠的家人眼神，其實並沒有漏掉我的任何一個身影，自己不願意輕易掉淚的難堪，終究逃不過愛你的人的眼。

章魚媽媽因為忙碌而生出的八隻手，孩子的眼睛都在記錄，孩子發現媽媽是一隻章魚，但是她自己並不知道。所以他問媽媽：「對一個媽媽來說，做一隻章魚好嗎？」

我想到三歲的兒子，問我的那句話：「什麼是人生？」

對於我來說，當一個章魚媽媽，真的好嗎？當我自以為可以七手八腳獨自完成所有的任務，完美地詮釋能幹女人的意義的時候，卻忘了，這是多少來自親友的協助，陌生的善意，以及前輩婦女們爭取制度的改革，才可能完成的。

原來，「養一個小孩，需要全村的力量」，馬雅・安傑洛講的這句話，其來有自。

媽媽從來就不需要完美，媽媽別自以為做的多就是愛的多。章魚媽媽忘記了自己只有兩隻手，世界上的任何一個人都只有兩隻手。

我想請那些陷在教養苦海的章魚媽媽們，適當的時候，放手吧！讓他人協助，尋找可以承擔的人，勇敢面對自己的疲憊與不足、脆弱與不安，章魚媽媽應該要懂得「愛自己」的真意。

我們都不該忘記的，是每個人都有一顆最重要的心。用心體會、用心觀看，你我的兩隻手，就可以撐起全世界。

不不，我們不用撐起全世界，章魚媽媽只想要用雙手，緊緊抱著親愛的家人。

章魚有8隻手（腳），當那個8字橫倒的時候，就是∞（無限）。

終有一天，孩子會跟妳說：「只有兩條手臂的媽媽，看起來完美極了。」

《章魚媽媽》繪本書封（遠流出版提供）

《章魚媽媽》繪本內頁（遠流出版提供）

跋

章魚法官

這不是一本教養百科全書，更不是在校園打官司的交戰手冊，我只能說，這是一個身為母親的懺情書。

總是在懊悔中遺憾陪伴孩子的時間太少，總是在遇到問題時才知道自己的無能與偏見，我這樣一路跌跌撞撞走來，參加了孩子的幾個畢業典禮，驚覺哥哥妹妹已經長成我當初無法預期的模樣。是歡喜、也是釋然，原來生命就是這樣。

這一本書要感謝的人很多。

感謝麥田編輯林秀梅，從書本的發想、規劃、編排以及內容，始終確定方向而且鼓勵我，在繁忙的工作之餘，想到她溫柔而堅定的「提醒」：「下個月五號要交稿子喔！妳寫得很好、很有趣，加油！」我就會立即掀開棉被跳下床，乖乖地把電腦檔案打開繼續寫。我想我們的初衷是一樣的，希望在校園中的每一個角色：老師、家長、學生，都可以在適宜的位置上，盡本分，獲新知，傳遞愛。

感謝《聯合報》家庭副刊，以及每月定時催稿的編輯陳姵穎、總編輯宇文正、王盛弘，持續讓我在「章魚法官來說法」的專欄中，盡情發揮，我也藉此促使自己隨時觀察社會脈動，將最新時事融入文章裡，期待讀者可以一起來思索探討，順便置入性行銷一點法律常識，讓大家不知不覺中瞭解法律。

感謝惠賜序文的幾位學者、專家。林從一教授的文章總是開啟我每一天的最佳提神劑，以哲學的眼光來剖析生命，既好讀又帶著很強的後勁。「生活如此豐富，生命如此有情，捨不得遺忘，才有此書的誕生。」他如此通透地看出我的內心，「生活雖然常有挫折，生命偶有苦難，對於人性與生命，章魚法官仍充滿希望與期待。」這又是我猶豫再三、說不出口的話，從一教授可以這樣地看待我，真是給我最大的祝福。而他對於正義與公平的真意、天堂與地獄間模糊界線的理解，幾乎已經預告式地將我的下一本書的內容做個總結。

毛律師很年輕，對於校園事務的投入與專業，讓我深深佩服，百忙之中她還寫了長長的序言，提綱挈領這本書的重點，這樣猜中法官心思的律師，只能說有通靈能力嗎？或許因為我們都有一樣的目標：在校園中提倡愛的力量，以平和的方式搭蓋出親師生的溝通橋梁。一樣奔波在各城鎮學校演講，不知道我們兩個，誰會先把全國走透透而達標？蔡淇華老師長期在教育的第一現場，他的專業與真誠，我很久之前就是他的粉絲，只是他不知道。十分感謝這幾位教育路上的同行者，我們一定有共通的頻率，才會如此相逢。

感謝我的家人，半是無奈半是被強迫地讓我公開家庭的糗事。這一本書雖然很少讓老黃登場，但是他全力貢獻（以及扯後腿）的威力隨時都在，真心感謝他準時出席孩子們的開學、畢業典禮，並且提供無憂的環境讓全家人安心過日子。哥哥的序文總算在他大學畢業典禮之前寫出了，讓媽媽淚流滿面應該不是他的用意，不過真心話永遠就是最感動人心的，即使是被騙我也心甘情願。妹妹一樣提筆畫畫之外，終於有很多話要說（但寫得還是很少），跨海傳來的文字讓我立即匯款給她，跟她說：「要什麼？媽媽買給妳。」

一路走來，我的作品潛在的讀者以及未曾謀面的粉絲，總會在不經意的時候給我鼓勵。建中的李老師把他十歲孩子讀書的樣子傳給我看，小男孩說：「這本書很有趣，裡面都是很日常的事情，但作者卻藉此跟我們分享重要的法律觀念，很厲害。」想到有人比老公更能理解我的內心，簡直是歡喜到想抱著十歲弟弟狂吻（然後轉身給老公一個惡狠狠的眼神嗎？）我大學同學的國小六年級兒子，在各個房間都放了一本我的書，一再重複閱讀，媽媽問他為什麼？他說：「因為讀章魚阿姨的書，社會科都考一百分。」在旅遊途中漫長的巴士行進間，我看到鄰座的六十歲美女掏出我的書在閱讀，還哈哈大笑，什麼獎項都比不過這一刻我的歡喜。

作者只是把文字當作載體，我們傳遞的，是一種無可言喻、說也說不完的故事。讀者能夠接收我們的意涵，能在同一個頻率上共鳴感動，這種穿越時空的連結，就是給予作者最大的回饋。再度感謝所有曾經與我共鳴的讀者，文字如果有力量，我一定繼續努力藉著這微薄的聲音，跟時間對抗，向虛無挑戰，持續探問正義公平的真意，尋找人性的真善美，這是每個人都有的初心。

最後也是最大的感謝，一定要獻給我的母親，張蕭貴美女士，她是我第一個最好的老師，身教重於言教，她無私地愛我，竭盡生命的精華灌注於家人身上，我遠遠不及她，但我會繼續努力。

人文42

章魚法官的校園親子法學課

父母、師長與孩子一起學習成長

作　　者　張琍鳳
責任編輯　林秀梅

版　　權　吳玲緯　楊　靜
行　　銷　闕志勳　吳宇軒　余一霞
業　　務　李再星　李振東　陳美燕
副總編輯　林秀梅
總 經 理　巫維珍
編輯總監　劉麗真
事業群總經理　謝至平
發 行 人　何飛鵬

出　　版　麥田出版
台北市南港區昆陽街16號4樓
電話：886-2-25000888　傳真：886-2-25001951
發　　行　英屬蓋曼群島商家庭傳媒股份有限公司城邦分公司
台北市南港區昆陽街16號8樓
客服專線：02-25007718；25007719
24小時傳真專線：02-25001990；25001991
服務時間：週一至週五上午09:30-12:00；下午13:30-17:00
劃撥帳號：19863813　戶名：書虫股份有限公司
讀者服務信箱：service@readingclub.com.tw
城邦網址：http://www.cite.com.tw
麥田部落格：http://ryefield.pixnet.net/blog
麥田出版Facebook：https://www.facebook.com/RyeField.Cite/

香港發行所　城邦（香港）出版集團有限公司
香港九龍九龍城土瓜灣道86號順聯工業大廈6樓A室
電話：852-25086231　傳真：852-25789337
電子信箱：hkcite@biznetvigator.com

馬新發行所　城邦（馬新）出版集團
Cite（M）Sdn. Bhd.（458372U）
41, Jalan Radin Anum, Bandar Baru Seri Petaling,
57000 Kuala Lumpur, Malaysia.
電話：+6(03)-90563833　傳真：+6(03)-90576622
電子信箱：services@cite.my

設　　計　朱疋
排　　版　宸遠彩藝工作室
印　　刷　前進彩藝有限公司

初版一刷　2025年6月26日

定　　價　450元
I S B N　978-626-310-886-8
978-626-310-884-4（EPUB）

國家圖書館出版品預行編目資料

章魚法官的校園親子法學課：父母、師長與孩子一起學習成長/張琍鳳作. -- 初版. -- 臺北市：麥田出版：英屬蓋曼群島商家庭傳媒股份有限公司城邦分公司發行, 2025.06
面；　公分. -- (人文；42)
ISBN 978-626-310-886-8(平裝)

1. CST: 法律教育　2. CST: 通俗作品

580.3　　114005305